まだGHQの洗脳に縛られている日本人

ケント・ギルバート

PHP文庫

JN150166

○本表紙図柄＝ロゼッタ・ストーン（大英博物館蔵）
○本表紙デザイン＋紋章＝上田晃郷

文庫版まえがき

本書『まだGHQの洗脳に縛られている日本人』の単行本が出版されたのは、二〇一五年五月です。以来、版を重ねるとともに、本の内容についてインタビューを受けたり、講演を頼まれる機会が増えました。

そうした場で「ケントさんのおかげで日本のことが好きになりました」「もう一度、歴史を勉強してみようと思います」という声を読者や参加者から聞くたびに、この本を出してよかったと本当に嬉しくなります。本書の発売後、約二年で共著を含めて一〇冊以上の本を出しました。そのたびにまた、いろいろと勉強して情報や知識が増えるから、今読み返したら、少しもの足りない部分や、逆に表現が乱暴すぎると感じる部分もあります。しかし、この本こそが私の原点です。

今回、文庫化を早めに決断したのは、より多くの方にこの本を読んでもらいたいと思ったからですが、加えて二〇一五年時点と比較すると、日本を取り巻く安全保障の環境が厳しさを増してきたことも理由の一つです。

たとえば、北朝鮮情勢です。今年一月のトランプ政権発足後、アメリカ政府は北朝鮮のミサイル技術が「新たな段階に入った」（ティラーソン国務長官）として、金正恩政権への警戒を強めてきました。

その中で三月六日、北朝鮮は弾道ミサイル四発を日本海に向けて発射した後、「在日米軍基地を攻撃目標として行われたことは隠さない」との談話を発表。安倍晋三首相は翌日のトランプ米大統領との電話会談で、北朝鮮のミサイルの脅威は「新たな段階になっている」との認識を確認しました。このころから、アメリカのメディアはトップニュースで北朝鮮問題を報じるようになりました。

ところが同じころ、日本のメディアは何に血道を上げていたか。学校法人森友学園（大阪市）の問題です。国有地の売買や値下げに「忖度《そんたく》」があったかどうかという問題を、延々と報じていたのです。

正直言って、私は日本の報道の危機感のなさに呆《あき》れ果てました。もしアメリカが北朝鮮に武力攻撃を行い、金正恩氏の斬首《ざんしゅ》作戦（正恩氏個人を殺害または捕縛する作戦）を決行したら、報復や難民流入などの悪影響を一番受けるのは、日本と韓国にほかなりません。

自分たちが住む国の危機的状況は無視して、国政とまるで関係のない問題をさも重大事件かのように報道するとは、メディアはよっぽど頭が悪いのか、意図的な情報操作を行っているのか……。視聴者を舐《な》めるにもほどがあると感じました。

なぜ日本のメディアや、左翼的な野党の皆さんは、国家の重大危機に際して現実を直視せず、無益な政権批判を繰り返すのでしょうか。国会の空転で利益を得るのは、事あるごとに日本を貶《おとし》めたり、領土を掠《かす》め取ろうとする、隣国とその指導者です。なぜ日本のメディアや野党は政権の足を引っぱり、まるで日本の弱体化を望むかのような報道や議論を繰り返すのか……。

その答えの一つが、GHQ（連合国軍総司令部）による対日弱体化計画、WGIP（ウォー・ギルト・インフォメーション・プログラム）に求められると思います。詳しい内容は本書を読んでもらうとして、このプログラムの目的を簡単に言えば、日本人の自尊心を根底から失わせ、愛国心を持たせないようにすることにありました。そうすることで、日本を第二次世界大戦の「戦勝国」に対して二度と歯向かわない国にするという、いわば洗脳工作です。

具体的にどんなものなのか。皆さんが受けてきた歴史の授業を思い出してください。日本はひたすら侵略を繰り返してきた「悪い国」だと教わりませんでしたか？そしてアメリカに敗れたのちは、すべての武力を放棄し、「平和憲法」を自ら定めて「よい国」に生まれ変わったと、教わりませんでしたか？

実はこれらは「真っ赤なウソ」です。にわかに信じられない方が多いかもしれません。それこそが、GHQによるWGIPがうまくいったことの証拠です。

最近も、その影響を実感する出来事がありました。ある新聞社の幹部とお会いしたのですが、彼は日本のメディアの偏向報道に憤《いきどお》りつつも、WGIPのことは詳しく知らなかったというのです。これには少し驚きました。

前述のように北朝鮮が核ミサイルを日本に突きつけているなか、日本のメディアが「右翼の安倍政権こそ諸悪の元凶」という的外れの報道姿勢をとる理由とは何か。WGIPによって、大新聞や通信社、NHK、民放テレビ局をはじめとする大半のマスメディアの報道姿勢が歪められてしまったからです。

しかし、当のメディアに携《たずさ》わる人々がそれに無自覚だとすれば、日本国民一人ひとりが真実に目覚め、勇気をもって発信していくしかありません。

そのときに初めて、GHQの洗脳は解け、日本の戦後は本当の意味で終わるでしょう。本書がそのきっかけの一つになれば幸いです。

二〇一七年六月

ケント・ギルバート

まえがき

私は日本にトータルで四十年近く住んでいます。日本語を自由に使えて、かつ他国には見られないこの国の文化が理解できて、それを楽しめる人という限定つきかもしれませんが、日本は最高に住みやすい国だと思います。長くいるほどに日本人の皆さんが羨ましくなります。日本人として生まれた人はなんとラッキーなのだろうかと思いますし、自分がこの国で暮らせている幸運に感謝しています。

私は東京に住んでいますが、ここは世界一の都市です。理由を挙げたらキリがないのですが、たとえば、世界各国の超一流の料理が、場合によっては本国より高いレベルで、リーズナブルに提供されています。これほどの大都会にもかかわらず、とにかくすべてが清潔です。

舞台やコンサート、美術館や博物館などの芸術文化面も充実しています。その一翼を担う世界的なミュージシャンやハリウッドスターの多くが、公演やプロモーションで来日することを楽しみにしています。さらに、F1ドライバーのような世界各国を転戦する人たちのあいだでも日本、そして東京は大人気です。深夜の繁華街に繰り出しても、安全かつ安心して楽しむことができますしね。

東京以外の地域もまた面白い。北は札幌から仙台、長野、名古屋、京都、大阪、広島、福岡などの大都市はどれも美しく整備され、治安もよく、電車や地下鉄は格安で清潔。しかも、事故でもないかぎり、日本の鉄道が時間に遅れることは滅多にありません。以前は深刻だった都市部の交通渋滞も、近年はかなり改善されましたし、空気もきれいになりました。

田舎に行けば、長い歴史と豊かな伝統、美しい自然ときれいな水、そして各地方によってそれぞれ異なる、個性的で美味《おい》しい郷土料理が残っています。言葉も各都道府県によってかなり違っていて、それぞれに深い歴史と人間の温かみを感じます。

しかし、なかでも最も素晴らしいのがこの国に住む人々です。礼儀正しく、真面目で、働き者で、思いやりのある人が圧倒的多数です。たとえば、初めて会ったにもかかわらず、すぐにその相手を信頼しても大丈夫という人々で溢《あふ》れている先進国は、世界広しといえども日本だけでしょう。

世界をよく知るF1ドライバーたちの話では、日本のファンは自分が贔屓《ひいき》にしている選手だけでなく、すべての選手を温かく応援してくれるのだそうです。マナーが良くてリスペクトがあるので、ライバルや下位チームの選手に対してもブーイングのような嫌な行為がほとんどないそうです。

外国人がとても驚くのは、日本では落とし物がかなり高い確率で手元に戻ることです。「ネコババ」は恥ずべき行為であり、「困っている落とし主に一刻も早く返すのは当然」という思いやりと道徳心を日本人は持っています。実を言うと私も財布を二回落としたことがありますが、現金もカード類も完全に無事な状態で戻ってきました。

また首都高の複雑な合流地点で、お互いに譲り合って一台ずつ交互に入る姿や、後ろから救急車がサイレンを鳴らして走ってくると、みんなが車を寄せて道を空けるという姿。エスカレーターでは片側（東京は左、大阪は右）に立って、反対側は急ぐ人が歩けるように空ける姿。電車やバスは、降りる人を待ってからタイミングよく中に乗り込む姿。これらの日本人にとっては極めて当たり前の、日常的な光景を見て、本当に驚く外国人が多いのです。

誰にも命令されることなく、それぞれの人の自由意志に委《ゆだ》ねても、これほどまでに秩序を保てる国というのは、世界中を探しても他にはありません。つまり皆さんは、世界で最も幸せな国に住んでいます。様々な国で暮らした経験を持つ友人がたくさんいますが、誰もが日本は最高だと言います。

それなのに、日本人はまた同時に、世界で最も不幸な国民でもあると思うのです。それは、皆さんが第二次世界大戦の敗北以来、七十年間も「愛国心」を持つことに罪悪感を抱かされてきたという事実です。このことは、本来、誇り高い日本人の心を大きく歪《ゆが》めてしまった気がします。

今回は、日本に長く住む在日外国人として、そして先の戦争で日本と最も激しく戦った敵国の国民の一人として、また、カリフォルニア州弁護士という肩書を名乗る法律家として、さらにタレントとして日本全国を講演などで飛び回り、おそらくアメリカ合衆国の建国以来、最も多くの日本人と接した経験のある米国人という自負を密かに持つ個人として、今後の日本が、さらなる素晴らしい国へと発展することに微力ながら貢献できればという思いで、本書を執筆いたしました。少しでも多くの皆さまに読んでいただけたら、著者としてこれ以上の喜びはありません。

ケント・ギルバート

二〇一五年五月

まだGHQの洗脳に縛られている日本人

目次

第三章 中国よ、「アジア諸国にとっての脅威」はあなた方だ

第四章

わが祖国アメリカよ、いつまで「反日プロパガンダ」を続けるのか

第五章　わが愛する日本よ、そろそろ「洗脳」から解放されよう

編集協力 丸谷元人
杉本達昭

第一章

WGIP《ウオー・ギルト・インフォメーション・プログラム》で失われた日本人の愛国心

強すぎた日本軍を心の底から恐れた連合軍

大東亜戦争で日本は、欧米列強の多くを相手にして、苦しくて激しい戦いを強《し》いられました。私が先の戦争を「太平洋戦争」ではなく、「大東亜戦争」と呼ぶ理由は後で書くことにして、日本軍は対米戦の初戦である真珠湾攻撃の成功から、しばらくのあいだは連戦連勝でした。しかし、開戦から約半年後の一九四二年六月、ミッドウェー海戦の敗北以降に戦局が大きく変わります。

それまでの勝利によって支配下に収めていた南洋の島々を守る日本軍の部隊は、制空権と制海権のほとんどを奪われた結果、資源のいっさいを遮断され、劣勢に立たされるようになります。遠く離れた母国からの救援や、食糧や武器弾薬などの補給の見込みさえほとんど得られなくなります。

それでも多くの日本兵は、人数はもちろん、装備や物量でもはるかに上回る連合軍を相手に、最後の最後まで戦い抜いたのです。その代表例が、硫黄島《いおうとう》や沖縄の激戦、そして神風特攻隊です。

日本人の驚異的な敢闘精神に、連合国の指導者や現場の兵士たちは恐怖心を抱きました。欧米人には想像もできないほどの、好戦的な民族なのだと信じ込みました。日本軍があまりにも強すぎたからです。

これが、アメリカが主導する連合国軍総司令部（GHQ）による、戦後の「マインド・コントロール（他人の心理状態や態度を支配すること）」を中心とする、占領政策の根本を支える原体験となりました。

戦後占領期にGHQは、検閲等を通じて日本人に施した「ウォー・ギルト・インフォメーション・プログラム（WGIP）」というマインド・コントロールによって、日本人を徹底的に洗脳し、武士道や滅私奉公の精神、皇室への誇り、そして、それらに支えられた道徳心を徹底的に破壊することで、日本人の「精神の奴隷化」を図ろうと試みたのです。

GHQによる占領は、七年弱で終了しました。日本はサンフランシスコ講和条約の締結により、形式上は独立国の主権を取り戻したことになります。ところが戦後七十年になる現在も、日本人のマインド・コントロールはまだほとんど解けておらず、それが様々な分野に悪影響を与えています。なぜでしょうか？

私はその最大の原因は、戦後の政治家と教育界、そしてマスコミのせいだと考えています。彼らは日本人でありながら、アメリカが始めた「精神の奴隷化」政策を放置したばかりか、GHQが去った後も、かえってそれを強力に推進したのです。

軍事力の重要性を語らない日本の政治家と教師とマスコミ

日本の戦後政治は、軍事力が必要不可欠な「国防」という、主権国家が担うべき当然の責任を、すべてアメリカ一国に依存しました。近年は自衛隊がかなり充実しましたが、南北に長い国土のみならず、広大な排他的経済水域（EEZ）を有する日本を防衛するには、自衛隊だけでは不十分で、どうしても米軍の力を借りる必要があります。したがって日本は今でも厳密には、完全な独立主権国家とは言えない状態です。

終戦直後はアメリカも、日本が再び強い軍隊を持つ強敵になることを恐れて、日本の防衛がアメリカ一国依存になることを望んだので、両国の利害は完全に一致しました。そのおかげで日本は経済的繁栄の追求へと邁進《まいしん》できましたが、結果、国民の多くはバブルの頃までに「金の亡者《もうじゃ》」となってしまいました。借金してまで株式や不動産への投資と投機を行い、それによって不労所得を得て、世界からは「ジャパン・アズ・ナンバーワン」と持てはやされ、エンパイア・ステートビルをはじめとする世界各地の不動産を買いまくり、海外旅行に行けばブランド品を買い漁《あさ》るなど、一九八〇年代の日本は、国全体がすっかり浮かれていました。

政治家は選挙で、国民がさらなる金儲けをと望めば「経済政策の強化」を叫び、あるいは安心した老後をと望めば「福祉の充実」を叫びました。つまり、リーダーであるはずの政治家の多くが、「国防」や「軍事」を疎《おろそ》かにし、自衛隊に明確な地位すら与えませんでした。

「明らかな憲法違反だから、我々が政権を取ったら自衛隊を廃止する」と主張する日本社会党が、三分の一の議席を保有していた時代です。精神的に骨抜きにさせられた日本国民は、軍事力の重要性に興味を示しませんでした。アメリカ一国に依存した状態の危険性を、誰も語りませんでした。当時、日本を脅かしていた国は主にソ連で、人口だけは昔から世界一の例の隣国は、首都ですら大量の自転車しか走っていないような時代だったので、脅威ではありませんでした。

一方、左翼的な教育方針を是とする日教組が率いる教育界と、やはり左翼の色に赤く染められた大手マスコミは、「愛国心」という概念を完全にもてあそび、諸悪の根源であるかのようなレッテルを貼りました。そのおかげで、「愛国心は重要」と発言したり、「日の丸と君が代を大切にしよう」などと、極めて当たり前のことを主張するだけで、いまだに「右翼」などと呼ばれます。これこそがWGIPの中心戦略の一つであると言っても過言ではないでしょう。

ちなみに「右翼」といえば皆さんは、黒塗りの巨大な車に日の丸や旭日旗をペイントし、「北方領土返還」や「七生報国《しちしょうほうこく》」などの文字を車体に書いて、大ボリュームで軍歌を流したり、スピーカーを通じて大声で何かを叫びながら繁華街近くに現れる、いわゆる「街宣右翼」を真っ先に思い浮かべると思います。あのような方法が良いと考えている「愛国者」も確かにいるのですが、彼らの全部がそうではないという事実は、あまり知られていないようです。日本への愛国心や天皇陛下への忠誠心が強すぎる人もいるようですが、日本国籍すら持たない人も驚くような割合で含まれているそうです。

つまり、皆さんが真っ先にイメージする「右翼」の中には、「日本を愛することは悪いことだ」「愛国心を表明することは恥ずかしいことだ」と、日本人に思わせたい勢力による「工作活動」も相当な割合で含まれているのですが、大半の日本人は、そのようなことを想像すらしないので、見事に策略に嵌《はま》っています。

冷静に考えてみてください。子供を躾《しつ》けるときに「他人に迷惑をかけてはいけません」と厳しく教えるのが日本人の最大の特徴です。その日本人が成長し、強い愛国心を育《はぐく》んだ結果として、「よし、自分は日本が大好きで愛国心が強いから、右翼になって街宣車から街中の人々に自分の主張を訴える人間になろう！」と決意しますか？　それだったら、普通は政治家を目指すでしょう。もしくは自衛官や警察官ですよ。

結局、教育界とマスコミを中心とした様々な工作活動に、長年晒《さら》されつづけた結果、今の日本人は愛国心を持つことに罪悪感や嫌悪感を抱くようになり、それを表現する術《すべ》すら知らないのです。

「平和を謳えば戦争は起こらない」は無責任な空論

たしかに、先の戦争では三〇〇万人近い日本人が命を落としました。前線の日本軍将兵は、食糧や弾、医療品がなくなったあとも戦いつづけ、その間に日本国内の六四もの都市は、二発の原子爆弾と無差別空襲で完全に焼き払われてしまいました。ですから、当時の日本国民の多くが「もう二度と戦争の惨禍《さんか》を繰り返したくない」と考えた気持ちはよく理解できます。

とはいえ、いくら日本人が「戦争はもう嫌だから仲良くしましょう」と呼びかけたところで、他の国が「はい、そうですね」と賛同するとは限りません。むしろ、「日本人が弱くなってしまった今こそがチャンスだ」とほくそ笑む卑怯な国が、日本の周囲に存在しているのが現実です。

ところが、日本の教育界は「平和を謳《うた》えば戦争は起こらない」という、まったくデタラメで無責任な空論を子供たちに教え込んでいます。それに加えてメディアは、近隣の反日国家の恐るべき正体をほとんど報道しないのです。その根本にはまたもＷＧＩＰがあるのですが、その結果、日本人の感覚の中から、大きな常識的思考が失われていきました。その一つが、日米安保条約に対する感覚です。

日本国民の多くは今日もなお、日米安保条約があるから、アメリカは日本を「一方的に守ってくれる」という感覚を持っています。そして、尖閣《せんかく》諸島周辺で有事が発生すれば、アメリカは必ず、日本を助けに来てくれると信じて疑いません。

しかし日米安保条約は純然たる「軍事同盟」です。双方に軍事的メリットがなければ同盟を維持する必要すらないし、アメリカ側だけが保有する集団的自衛権を、無理して行使する義務もないのです（二〇一六年三月に安全保障関連法が施行され、日本も限定的ながら集団的自衛権を行使可能になった）。そしてアメリカは、自分の国を守ることすらしない他国民を守るために、アメリカの若者に大量の血を流させるようなことはしないでしょう。

これは、逆の立場になればわかることです。もし日本と仲の良い国、たとえば台湾やフィリピン、ベトナムなどが第三国から攻撃を受けた際に、当事者にもかかわらず、戦うことをいっさい放棄したそれらの国の人々が、「私たちの国を守るために、日本の自衛隊の若者だけが血を流すのは当たり前だ」と考えていたら、皆さんはどのように感じるでしょうか。当然、「冗談ではない！　なぜあなた方の国を守るために、日本人だけが死ななければならないのだ！」と考え、快く思わないでしょう。しかしこんな当たり前のことさえ、戦後の日本では論理的に通用しなくなっているのです。

繰り返しになりますが、最初に日本人の精神的武装解除を計画したのは、たしかにGHQです。しかし、GHQが去った後、よりいっそう真面目に、かつ真剣に精神的武装解除のための「精神の奴隷化」政策を継続したのは、日本の政治家と教育界、そして左傾化したマスコミです。この三者の罪は本当に重いと思います。そして今こそ、こんな洗脳状態から日本国民は目覚めるべきなのです。

徹底的な反日工作に対抗できる知識と勇気と愛国心を

近年、韓国やPRC（中華人民共和国＝Peoples Republic of China の略称。私が「中国」と書かない理由は後で触れます）による反日工作が、凄《すさ》まじい勢いで日本に襲いかかっています。恥ずかしながら、私もつい最近までは、南京大虐殺や従軍慰安婦なるものについて、なんとなく「あったのだろう」と考えていました。そして、「日本人も過去のことなんだから早く罪を認めて謝ってしまえばいいのに」などと思っていました。

しかし、あるときから自分なりに資料を集めて勉強してみた結果、それらがとんでもない捏造《ねつぞう》のオンパレードであり、悪質なプロパガンダにすぎないことを確信するようになりました。そして、ふと日本人を見つめたとき、そんな嘘のプロパガンダに晒されつづけた多くの人々から「愛国心」というものがほとんど完全に抜き取られ、日本人としての自信や誇りが失われていると気がついたのです。

そんなふうにやられっぱなしでありつづける日本の姿を見て、私は怒りを覚えました。そして中韓両国に対し、「いい加減にしろ！　あなたたちに何を言う権利があるのだ」と思ったのです。

この本を手に取ってくださる日本の読者の皆さんに、私が自信を持って言えることがあります。それは、「愛国心」さえ取り戻すことができれば、日本は名実ともに、世界で一番幸せな国になるということです。そしてそんな日本こそが、アジアの、そして世界のリーダーとしての尊敬を一身に集め、初めて本当の意味での世界平和に貢献できるようになるだろうということです。

日本という素晴らしい国を愛し、将来を案じている一人のアメリカ人として、私は次のことを皆さんに言いたい。一方的な「嘘」や「プロパガンダ」に負けないでください。そして、今こそ日本人としての「愛国心」と「誇り」を取り戻してください。そのために必要な「知識」を学び、それを堂々と主張できる「勇気」を持ってください。

第二章

韓国よ、あなた方こそ歴史に学んで恥を知れ

安倍首相による憲法成立過程の歴史的事実の指摘

前章で、先の戦争で日本を破った連合国が、強すぎた日本人のことを心の底から恐れ、ＷＧＩＰという計画を立て、検閲などの報道規制を通じて日本人を骨抜きにしようと考えたことを書きました。それではGHQは具体的に、どのような報道規制を行ったのでしょうか。全部で三〇項目あるので後に列挙しますが、その中の一つが「ＧＨＱが日本国憲法を起草したことに対する批判」です。

ちなみに、安倍晋三内閣総理大臣は、ご自身の公式ホームページで、日本国憲法の成立過程のエピソードについて、次のように書かれています。

まず、憲法の成立過程に大きな問題があります。日本が占領下にあった時、ＧＨＱ司令部から「憲法草案を作るように」と指示が出て、松本烝治《じょうじ》国務大臣のもと、起草委員会が草案作りに取り組んでいました。その憲法原案が昭和21年2月1日に新聞にスクープされ、その記事、内容にマッカーサー司令官が激怒して「日本人には任すことはできない」とホイットニー民生局長にＧＨＱが憲法草案を作るように命令したのです。

これは歴史的な事実です。その際、ホイットニーは部下に「2月12日までに憲法草案を作るよう」に命令し、「なぜ12日までか」と尋ねた部下にホイットニーは「2月12日はリンカーンの誕生日だから」と答えています。これも、その後の関係者の証言などで明らかになっています。

草案作りには憲法学者も入っておらず、国際法に通じた専門家も加わっていない中で、タイムリミットが設定されました。日本の憲法策定とリンカーンの誕生日は何ら関係ないにもかかわらず、2月13日にGHQから日本側に急ごしらえの草案が提示され、そして、それが日本国憲法草案となったのです。

(https://www.s-abe.or.jp/consutitution_policy より抜粋)


安倍首相がおっしゃるとおり、これは歴史的事実です。ところがこの事実を指摘すると、怒り狂う日本人が出てきます。もちろん、太った女性に「あなたはデブだ」と言ったり、髪の毛の薄い男性に「あなたはハゲだ」などの事実の指摘はするべきではありません。そのような場合に、相手が怒り狂うのは当然です。

しかし、内閣総理大臣が、自国の憲法の成立過程に関する歴史的事実を指摘し、それに対して野党の国会議員が理不尽に怒ったり、「それを言うな」というような態度を示すのは、どう考えても変です。国民がどちら側を批判するべきなのかは明白だと思います。

単純に考えれば、歴史的事実の否定や隠ぺいを行い、感情的に反応する人たちは、WGIPで見事に洗脳された人か、もしくはWGIPによる洗脳効果を持続させたい人のいずれかでしょう。

GHQが定めた三〇項目の報道規制

終戦直後の昭和二十年（一九四五）九月に定められた、正式名称「日本に与うる新聞遵則」、通称「プレス・コード」に規定された三〇項目を、手元にある資料『日本人を狂わせた洗脳工作――いまなお続く占領軍の心理作戦』（関野通夫著、自由社）から引用してみましょう。

①SCAP（連合国軍最高司令官もしくは総司令部）に対する批判
②極東国際軍事裁判批判

③ＧＨＱが日本国憲法を起草したことに対する批判
④検閲制度への言及
⑤アメリカ合衆国への批判
⑥ロシア（ソ連邦）への批判
⑦英国への批判
⑧朝鮮人への批判
⑨中国への批判
⑩その他連合国への批判
⑪連合国一般への批判（国を特定しなくても）
⑫満洲における日本人の取り扱いについての批判
⑬連合国の戦前の政策に対する批判
⑭第三次世界大戦への言及
⑮冷戦に関する言及
⑯戦争擁護の宣伝
⑰神国日本の宣伝
⑱軍国主義の宣伝

⑲ナショナリズムの宣伝
⑳大東亜共栄圏の宣伝
㉑その他の宣伝
㉒戦争犯罪人の正当化および擁護
㉓占領軍兵士と日本女性との交渉
㉔闇市の状況
㉕占領軍軍隊に対する批判
㉖飢餓の誇張
㉗暴力と不穏の行動の扇動
㉘虚偽の報道
㉙GHQまたは地方軍政部に対する不適切な言及
㉚解禁されていない報道の公表

この決まりに違反した新聞は発禁などの処分を受けます。ちなみに朝日新聞は一度、業務停止処分を受けています。これらの項目を見ると、日本のマスコミが終戦直後から、ありとあらゆるものに対する「批判」を禁止されたことがよくわかります。見たかぎり禁止されなかったものは「日本政府に対する批判」くらいでしょうか。だから日本のマスコミは、今でも政府批判ばかりやっているのですね。

また、日本を褒《ほ》めてはいけなかったこともわかります。森喜朗元首相が「日本は神の国」と発言したときのマスコミの大騒ぎは、「⑰神国日本の宣伝」の禁止に原因があったわけです。「⑱軍国主義の宣伝」の禁止は、マスコミが軍事力や国防の重要性を報道しない原因であり、「⑲ナショナリズムの宣伝」の禁止は、愛国心の大切さに触れない原因だと言えます。日本人が民族的な優秀性に自信を持ったり、一致団結して本領を発揮するのは困ると考えたわけです。

そして「⑳大東亜共栄圏の宣伝」の禁止があるせいで、終戦まで日本人の誰もが正式名称である「大東亜戦争」と呼んでいた先の戦争を、突然「太平洋戦争」と報道するようになったのです。日本のマスコミはこの項目⑳を今日に至るまで頑《かたく》なに守っていますから、洗脳工作を継続しているわけです。だから私は「太平洋戦争」という言葉を使わずに「大東亜戦争」と書いています。

興味深いことに、「㉘虚偽の報道」の禁止だけは、もはやまったく守っていないマスコミが多いのですが、そもそもGHQの意向に従って、散々、虚偽の報道を行ってきたわけですから、実はGHQによる占領統治時代から、大半のマスコミは何も変化していないということです。

そして、この三〇項目を読み返したことで、私が本書に書く内容は、これらの規制項目にことごとく抵触する内容であることを、再認識することができました。

私が韓国とPRC(中華人民共和国)を批判する理由

ありとあらゆるものに対する批判を日本のメディアに禁止したGHQの政策の恩恵を、最大限に受けた国があります。大韓民国(韓国)、中華人民共和国(PRC)、そして朝鮮民主主義人民共和国(北朝鮮)の三カ国です。「特定アジア」や「特亜三国」などとも呼ばれるこれらの国が、戦後の日本に行った所業《しょぎょう》は、調べれば調べるほど酷《ひど》いものなのですが、先に挙げた⑧と⑨によって、日本のマスコミは朝鮮人と中国(当時は中華民国)に対する批判を禁止されてしまいました。

ですから、中国で起きた複数の日本人虐殺事件や、終戦直後に日本各地で起きた朝鮮人による暴動の事実を知る日本人は、現代でもかなり少数派です。「通州事件」や「通化事件」、あるいは「生田警察署襲撃事件」「富坂警察署襲撃事件」などの言葉をネット検索してみてください。これらの事実を知ると、戦後七十年の現在でも、日本の大手マスコミの大半は、GHQのプレス・コードを頑なに守っているとしか思えません。現在進行形で行われている犯罪者のいわゆる「通名（外国籍の者が日本国内で使用する通称名）報道」も、プレス・コードの⑧と⑨に端を発したものかもしれません。

北朝鮮は、国際社会で最初から相手にされていないので本書ではあまり触れませんが、韓国とPRCは国連をはじめとする国際社会や、アメリカ国内におけるロビー活動を通じて、日本を狙い撃ちにした「ディスカウント・ジャパン」運動をしつこく続けています。ところが日本はごく最近まで、一方的にやられっぱなしで、ほとんど反論することができませんでした。

日本人が日本を擁護する発言や行動を取ると、それを最も批判するのは日本のマスコミです。彼らの正体がマゾヒスティック（自虐的）な性癖を持つ日本人なのか、サディスティック（残虐的）な性癖を持つ外国人なのか、日本人だけどサディスティックな外国人と通じたスパイやパペットなのか、私にはわかりません。いずれにしても彼らは、日本の国益のことなどいっさい考えていません。

第二次安倍政権になってから、やっと日本の国益を真剣に考えた国際社会への発信が行われるようになりました。しかし、昨今は政府や政治家だけでなく、一般人であってもインターネットを通じて「ディスカウント・ジャパン」のプロパガンダと戦うことが可能です。韓国やPRCがまったく信用に値しない国であり、いかに日本の批判などできない存在であるのかを調べて伝えることが可能です。WGIPによって嘘を真実だと信じ込まされた人たちを、皆さんの力で覚醒させることが可能です。その行動に役立つと思われる、私がこれまでに調べた情報を、可能なかぎり提供したいと思います。

「二〇万人の女性を強制連行して性奴隷」は荒唐無稽な作り話

二〇一四年八月に、朝日新聞がいわゆる「従軍慰安婦問題」に関する誤報を初めて認めた結果、これまで日本国内のみならず、諸外国でも歴史的真実だと信じられていた、日本軍による朝鮮人女性二〇万人強制連行というストーリーが、もろくも崩れ去ることになりました。

ブログをはじめ、今までもいくつかの媒体に書いたことですが、私自身も近年まで、従軍慰安婦なるものの強制連行については、「あったのだろう」と何となく信じ込んでいました。もちろん、強制連行された従軍慰安婦の数を二〇万人とする報道については、「人数が多すぎるかもしれない」との疑問を抱いたことはあります。しかし、基本的なストーリーは正しいのだと思い込んでいましたし、まさか、吉田清治なる一人の「職業詐話師」の妄想によって始まり、朝日新聞が無責任に拡散した、すべて嘘を嘘で塗り固められた冤罪《えんざい》話だなどとは、想像すらしていなかったのです。天下の朝日新聞が、そんなことをするわけがないとも思っていました。

この一件を機に、私は一気に目が覚めたと言っても過言ではありません。そして、自分なりに真実を理解しなければならないと思い、猛烈に勉強しはじめましたが、真実を知るにつれて、私の中で大きな憤《いきどお》りが湧き上がるようになったのです。

最初に目をつけた点は、強制連行されたと言われる人数でした。当時の朝鮮半島の人口を調べてみると、二三〇〇万人程度しかいないのです。その中から二〇万人もの若い女性が誘拐されたというわけです。これを少し計算してみましょう。

まず、人口の約半分が女性だとすると、その人数は一〇〇〇万人ですね（朝鮮半島は伝統的に女児より男児の出産を重んじることもあり、女性の人口を少し減らして計算をやりやすくします）。

当時の朝鮮半島の平均寿命は四十五歳くらいでしたから、同世代を生きる女性は各年齢で二二万人ほどになります。さらに彼らの主張によると、十四歳から二十歳の女性が誘拐されたというわけですから、二三万人×六年とすれば、「慰安婦適齢期」は一三二万人いたということになりますね。そのうちの二〇万人の女性が拉致《らち》されたということですから、六～七人に一人は、「悪辣《あくらつ》な日本帝国主義の官憲」によってさらわれたことになります。

これがどれだけ異常なことかは、すぐにわかります。たとえば、皆さんの高校時代を思い出してください。同じ学年の生徒が四〇〇人、そのうち女子生徒が二〇〇人いたとしましょう。その場合、各学年から三三人以上、三年制の学校全体で、なんと一〇〇人もの女子高校生が、ある日突然、地域にやってきた官憲によって「拉致された」ということになるのです。

しかもそんな拉致が発生しているのは、あなたの学校だけではありません。周辺にある高校すべてで一〇〇人単位の女子生徒が拉致され、軍隊の兵士のための「性奴隷」にされたというのです。ここまで書くと、この話がいかにバカらしいかすぐにわかりますよね。

それに、もし本当にそんなことが起こっていたとするならば、「周辺にいた当時の朝鮮人たちは何をしていたのか」という疑問も生じます。

米国テキサス州と当時の朝鮮半島を比較して考察した人がいます。その頃の朝鮮の人口は二三〇〇万人で、今のテキサスが二五〇〇万人。それぞれ怒りっぽい民族であり、また、かつては独立国家であったにもかかわらず、後に違う国の一部になったという点も似ています。

そんなテキサス州で、万が一、自らを併合したアメリカ合衆国の兵士がやってきて、二〇万人の若いテキサス女性を集めたとしましょう。そんなことになれば、テキサス人の男は絶対に黙っていないはずです。では、日本に同じことをやられた当時の朝鮮人男性はなぜ黙っていたのか。彼らは、単に臆病だったのか。「いや、決してそうではなく、そんな事件など一つも起こらなかっただけなんだ」という結論です。

もっと簡単に言うならば、当時、慰安婦が多くいた中国本土には約一〇〇万人の日本兵がいましたが、韓国側は二〇万人の慰安婦がそれぞれ毎日二〇人から三〇人もの相手をしたと主張しています。すると、二〇万×二〇回で四〇〇万回もの性行為が毎日、日本軍では行われていたことになります。つまり、日本兵一人が毎日毎日、四回も頑張らないといけない。軍隊は戦争をするのが仕事のはずですが、これでは性行為のための組織になってしまいます。しかもタダじゃないんだから、毎日四回ずつ慰安所に通っていたら、日本兵のエンゲル係数ならぬ慰安所係数は、給料日から一週間以内に一〇〇パーセントを超えますよ。これはもう、笑い話としか言えません。下世話な話で恐縮ですが、この話を真実だと主張しつづける人たちは、相当アチラがお強いのでしょうが、計算には弱いみたいですね。

実を言うと、韓国における慰安婦問題は、最初からつまずいています。戦場における売春婦であった慰安婦を、女子学生を対象にして工場などで働かせる「女子挺身隊」と混同しているのです。そのため、慰安婦問題を追及する韓国の団体は「韓国挺身隊問題対策協議会（通称：挺対協）」と呼ばれていますが、この団体の韓国人女性責任者を義母に持つ、そして新聞記者を名乗るには不勉強すぎるうえに、注意力欠如が著しい朝日新聞の植村隆記者（当時）が、

「女子挺身隊の名で戦場に連行され、日本軍人相手に売春行為を強いられた朝鮮人従軍慰安婦のうち、一人が名乗り出た」

と〝誤って報道〟したことで固定化しました。

あとで詳しく述べますが、このような混同は、戦後になって漢字が読めなくなり、自らの歴史を知ることができなくなった現代韓国人と、朝日新聞の誤報記者のコラボによって生み出された喜劇だと言えます。

もっとも、挺身隊と慰安婦の混同は、戦時中から朝鮮人のあいだでよく見られた

現象だったのは事実のようです。二〇一四年八月五日付の『朝日新聞』も認めていることですが、昭和十九年（一九四四）の朝鮮総督府の資料にも、

「未婚の女性が徴用で慰安婦にされるという『荒唐無稽《こうとうむけい》なる流言』が拡散している」

という指摘がありました。

こんな勘違いがそのままになったのは、韓国人の勉強不足以外のなにものでもないのですが、強制連行二〇万人という話も、結局はこの勘違いが出所になっています。

二〇万人という数が初めて出てきたのは、私が調べたかぎりでは、一九七〇年八月十四日付の『ソウル新聞』の記事のようです。そこには、

「一九四三年から一九四五年まで、挺身隊に動員された韓・日の二つの国の女性は全部でおよそ二〇万人。そのうち韓国女性は五〜七万人と推算されている」

という記述があります。この数字の根拠は不明とされていますが、後に何人かの日本人がそれを引用し、また『朝日新聞』が一九九一年十二月十日付に、

「第二次大戦の直前から『女子挺身隊』などの名で前線に動員され、慰安所で日本軍人相手に売春させられた」

として、それを報道しました。朝日新聞はその後も「太平洋戦争に入ると、主として朝鮮人女性を挺身隊の名で強制連行した。その人数は8万とも20万ともいわれる」（一九九二年一月十一日付朝刊）などと連続で報道し、二〇万人という根拠なき数が定着していったのです。

こんな根拠のない嘘の話に対して、日本政府は過去に謝罪の言葉を口にしましたが、今ではそれがまったく不必要かつ不適切で、不用意な発言であったことが明らかになりました。

一方、韓国はいまだに慰安婦問題を取り上げて日本に「正しい歴史認識」を迫っています。もはや振り上げた拳《こぶし》は下ろせないというところなのでしょうが、見方によっては、韓国人はあの朝日新聞と吉田清治によってヨイショされ、いい加減な対応をした日本政府や国連人権委員会によってさらに高いところに持ち上げられ、そのまま突然ハシゴを外された形になったわけですから、ある意味では最大の被害者と言えるかもしれませんね。もちろん、これは皮肉です。

ただ、こうやって韓国を持ち上げた日本人は他にもたくさんいます。たとえば、韓国が慰安婦問題を展示し、その残酷さを世に問うために建設した「戦争と女性の人権博物館」に対しては、日本の自治労やＪＲ総連、ＮＴＴ労働組合大阪支部などが寄付金を出しているのです。「もういい加減、そんな悪い日本人に騙されないほうがいいですよ」と言ってあげたくなりますが、それでも今の朴槿恵大統領（当時、以下同）は理解してくれないかもしれません。

陸軍大将の年収五年分を稼ぐ「奴隷」はいない

慰安婦というのは、日本軍の兵士たちに無理やり強姦されていたわけではありません。無償で働いていたわけでもありません。それどころか、破格の待遇を受けていました。

たとえば、かつて元慰安婦の文玉珠さんという人がおられました。この人は一九九一年十二月に他の元慰安婦とともに日本政府を訴え、謝罪と補償を求めたことで有名になりましたが、後に二〇〇四年の最高裁で敗訴が決定しています。彼女自身は、一九九六年に亡くなっています。

彼女の「プロフィール」を見てみると、非常に面白いことに気がつきます。彼女は十六歳のとき、帰宅途中に軍服を着た日本人に連行されたとのことであり（これも私は信じていません）、そこから満洲に送られて慰安婦生活を強いられたと言います。その約一年後、日本軍将校を騙して朝鮮に帰ったとのことですが、あの満洲から朝鮮まで数百キロもの道のりを、今ほど交通手段の発達していない時代、わずか十七歳の女の子がどうやって一人で帰ったのかはわかりません。

その翌年の一九四二年、今度は女中をしているときに友人から「食堂で働かないか」と誘われ、騙されてビルマにおいて再び慰安婦となるわけですが、この慰安所で働くあいだに、日本の軍事郵便貯蓄で二万六一四五円の貯蓄をし、それ以外に五〇〇〇円を朝鮮の実家に送金しています。

戦争当時、日本陸軍の二等兵の給与は年間一八〇円であり、陸軍大将の年収は六六〇〇円ほどと言われていました。ちなみに大卒一年目の年収は一〇〇〇円に届くか届かないくらいでした。こんな時代に、文玉珠さんはわずか数年で、家族に仕送りした分をも含めると、陸軍大将の年収の五年分くらい、現在の価値でいうなら五〇〇〇万円は下らない額を稼いでいたわけです。

この事実を知ったとき、私は本当にびっくりしました。海外では、慰安婦は「性奴隷」と表現されていますが、「陸軍大将の何倍もの金を稼ぐ人間のどこが奴隷なのだ！」と思うのは当然ですよね。しかし、このような報道は主要メディアではほとんどなされないのです。しかも、この女性は朝鮮の売春婦であった「キーセン」

出身だったのです。

この種のバカらしい話を含めて、そもそも一九八〇年代の後半まで、ほとんど話題にも問題にもならなかったことが、ある日突然スクープとして発掘され、国際問題になるなど通常はあり得ないわけですが、これ一つ取ってみても、朝日新聞がどれだけ巨大な力を持っていたかがわかります。

朝日新聞はニューヨーク・タイムズとつるんでこんな大嘘を世界中に喧伝《けんでん》する役割を果たしました。その責任は、とくに公正中立であるべき言論機関としては非常に重い。自らを「報道機関」と名乗ることすら慎むべきです。GHQに協力してプロパガンダばかり流しているあいだに、報道機関としての良心が破壊されたのでしょうか。いや、戦時中の朝日新聞は、最後の最後まで日本人の戦意を煽《あお》っていました。極右から極左にポールシフトしただけで、昔から「誤報道機関」でした。

ところで、女子挺身隊と慰安婦を同一視するような勘違いが、これだけ発達した情報社会である七十年後の今日においてもそのまま通用しているということ自体が、韓国社会の情報処理や事実認識に対するいい加減さを証明していると言えます。日本人なら、間違いに気づいた段階ですぐに名称を変更して、すべてのあり方を改善しているでしょう。

また、こんな大嘘に乗っかって、いろいろな報告書を出した国際連合も日本に謝罪すべきです。私自身は以前から、国際連合ほどの巨大な茶番はないと考えていますが、日本人は国際連合を地球上に必要不可欠なありがたいものだと考えているように見える。信用や期待をしすぎだと思います。

戦場における性の問題と慰安婦

戦場の性の問題というのは、各国が直面する非常にデリケートかつ重要な問題です。歴史的に見ても、戦場における略奪や婦女暴行は現実としてつきものでした。大昔であれば、敵国の女性は「戦利品」として見なされていました。しかし国家間の「トータル・ウォー」、つまり総力戦の時代になると、兵士の性の問題もロジスティック戦略の一つとなっていきます。

たとえば、ある元日本軍兵士の話では、「あるとき日本軍が中国本土の小さな村を攻撃して占領したが、その村は共産軍によってかなりやられていたので、日本軍が来ると喜んだ。ところが、日本の不良兵士が数人でその村の女の子を追いかけて強姦をしてしまった。その途端、村全体が敵性地域に変わってしまい、その後もその周辺から襲撃を受けるようになった」というのです。

慰安所とは「そんな事態を二度と起こさないため、そしてまともに風呂にも入っていないような地元の女性と交わって性病その他の伝染病に罹《かか》り、それが部隊内に蔓延《まんえん》して戦闘行動ができなくなってしまうと、これでは元も子もない——ということで整備された」という事情もあるわけです。

もちろん、これは今の感覚では許されないように思いますが、しかし現実問題として、戦場にキレイゴトを持ち込んだところで、何の効果もないのは事実です。実際、米軍は日本を占領した際、最初に米兵向けの慰安施設をつくるように日本政府に要求していますが、沖縄戦では一万件以上、そして占領後の日本本土でも、当初はかなりのレイプ事件がありました。もちろん、ヨーロッパ戦線でもアメリカ、イギリス、フランス軍による強姦事件は数多く発生しました。

日本では終戦後すぐ、東京の大田区の病院に米兵が二〇〇人押し込んで、看護師や寝ている病人の女性をみんなレイプしたという凄《すさ》まじい記録もあります。しかしこれは、当時のGHQによる情報検閲もあり、日本人にもアメリカ人にも知られていません。だから、性の防波堤となるような制度は、民間の婦女子を守るためにも絶対に必要とされたのです。

慰安婦制度は、現在もきっちりと残っています。二〇一五年五月号の『正論』に寄稿した古是三春《ふるぜみつはる》氏は元共産党員ですが、一九九〇年代のカンボジアへの自衛隊PKOを取材に行ったとき現地に展開していたフランス外人部隊の中に、本国フランスから来ている売春婦がいる売春宿があるという話を聞いたと言います。

古是氏はそこで、フランス外人部隊の日本人隊員を捕まえて話を聞いたところ、外人部隊員が現地で婦女暴行や売春宿でトラブルを起こしたり、性病に罹患《りかん》したりしないように、パリの売春業者が軍と契約して女性を派遣していることを知ったというのです。

当時、氏は共産党の国会議員のサポートをしていたので、このことを担当の女性議員に話したところ、相手は、

「そんなわけがない！　それじゃあフランス女性の地位は日本より下だというの？　そんなバカなことはありません！」

と逆上したそうです。職業に貴賤《きせん》はないという言葉に従うなら、売春婦となった女性＝「下」であるという感覚自体、本来はポリティカリー・インコレクト（政治的に間違い）なはずですよね。しかも、女性問題や人権問題といった平等主義にうるさいはずの共産党員の言葉とも思えません。結局、左翼系フェミニストの感覚も

また、この程度だということですが、つまり現代も昔も、この問題はまったく同じ性質のままである、ということです。

では、このような制度自体が悪だと言って、軍がそういうケアをしなかった場合はどうなるか。その答えはソ連軍を見れば、すぐにわかります。彼らはドイツでは一〇〇万人もの女性をレイプし、満洲でも大変な数の婦女暴行を行いました。「それでも良いのですか？」ということです。また、ソ連軍と比べれば士気もモラルもはるかに高い、現代のアメリカ軍でさえ、残念ながら女性兵士に対するレイプの問題は深刻だといわれていますし、湾岸戦争ではかなりの女性兵士が「妊娠」して戦場から帰ってきました。

韓国が行う分断政策と事大主義

韓国もまた同じです。彼らはベトナム戦争に参加しましたが、そこで大量のレイプを働きました。その証拠に「ライダイハン」と呼ばれる韓国人とのハーフの子供が最大で三万人も生まれており、ベトナム人の多くは韓国人を「ダイハン（＝大韓）」と呼んで心から嫌い、憎んでいました。この事実は韓国語の「ウィキペディア」にも出ていますから、韓国人も事実から目をそらさずに一度読むべきです。さらに韓国兵が殺害したベトナム人は、一説には三〇万人ともいわれています。多くは非戦闘員ですから、戦時国際法違反です。それらの悪行に対し、一度でも韓国大統領は謝罪したのかと問いたいものです。

自国のことは棚に上げて他人を攻撃するのが得意な韓国は、最近ではアメリカをはじめとする世界中に慰安婦像を建設しようとして頑張っています。大変迷惑な話ですが、これは実は人種や宗教、国籍による差別を禁じたアメリカの公民権法違反の疑いがあります。ただ、大半のアメリカ人は日本人と韓国人の区別さえついていませんし、歴史問題などまったくわかっていません。おそらくオバマ大統領（当時、以下同）も日韓の歴史をわかっていないと思います。ですから、本当に面倒臭いけれども、日本はアメリカに対してはっきりと説明していかないといけません。これはもう、アジア人同士を分断させるための作戦であり、アメリカ人にも気づいてほしいです。

実はこのような民族や出身国による分断政策は、問題が深刻化しています。今日のアメリカ社会を駄目にしているのは、アメリカ人をすべて出身国別とか、人種別に分けて、それで潤っている連中が活動を活発化させているからです。これはとくに民主党がやるのですが、たとえばヒスパニック（スペイン語圏出身者）などは、昔は自分たちが別人種やマイノリティなどとは思っておらず、同じ白人だと思っていました。しかし、いつの間にか、彼らはある特定の政治目的のために、分断されてしまいました。

一方、一部の黒人団体には、黒人がアメリカ社会で出世してしまうと、黒人団体の存在意義がなくなるので、できるだけ黒人には自立してほしくない、出世されては困る、と考えているところさえあります。一部の活動家や弁護士、政治家、宗教家にとって、人種問題は既得権益であり、メシの種なのです。

慰安婦像を建てている韓国人団体がやっているのは、まさにこの分断政策の一つであり、既得権益の拡大作戦なのです。たしか、オーストラリアにおける慰安婦建設に関する公聴会の中で、日系人と思われる女性が「ここの街は誰でも平等に受け入れる。慰安婦像の建築は、そういう精神に違反している」とはっきり語っていましたが、海外にいる日本人、日系人、そして企業に、もっと声をあげてもらいたいです。これは、「アジア諸国を分断して、相互の憎しみと無理解を増殖させるための行為に他ならない」と主張すべきです。

ではなぜ、日本ばかりがそのような攻撃対象にされるのか。それはつまり、日本というのは突っつけばすぐに頭を下げるし、少し強硬にゆすれば最後には必ず金を払ってくると思われているからです。世界中を震え上がらせる最強の軍隊を誇っていた日本人が、今では弱い相手だと思われています。その証拠に、朝鮮戦争のとき、多くの韓国人女性に対するアメリカ兵のレイプもあったはずですが、韓国は謝罪と賠償をアメリカに対しては一度も要求していません。アメリカは絶対に謝罪しないし、金も払わないし、怒らせたら怖いと思われているからです。

韓国の行動は「強い者には弱く、弱い者には強い」という「事大主義精神」の表れだと考えると、見事なまでに説明がつきます。

韓国人のヒーロー安重根は「反日思想家」ではない

二〇一五年三月五日、ソウル市内で開催された朝食会に出席していたマーク・リッパート駐韓米国大使が、突然、男に刃物で襲われるというテロ事件が発生しました。日本でも大きく報道された同事件を引き起こしたのは、在韓米軍の軍事演習に反発する金基宗《キムギジョン》という前科六犯の男です。この金容疑者は過去に駐韓日本大使に投石するなどした曰《いわ》くつきの人物で、韓国治安当局のあいだでも顔と名前を知られた有名人でした。それなのに現地の警察は、こんな男の侵入と凶行を阻止することすらできませんでした。

私の周辺のアメリカ人は、このニュースを聞いて「いったいセキュリティはどうなっていたんだ！」と驚き、怒り、最後は呆《あき》れ返っていました。つまるところ、これが今日の韓国政治の「実力」なのだろうと思わざるを得ません。

たった一人の危険人物の凶行さえ阻止できない国から在韓米軍が撤退すれば、韓国は翌日にも北朝鮮軍に攻め入られる可能性があります。そうなると、南北の国境から四〇キロ程度しか離れていない首都ソウルは、短時間で陥落するに違いないと多くの人が思うのは当然です。実際、アメリカ人の多くはこの事件を見て、韓国がまだ国家として十分な治安維持能力さえないことを痛感し、金容疑者の思惑とは裏腹に、「韓国はまだ一人前ではない」「在韓米軍はやはり必要だ」と考えたのです。

さらに驚くのは、かつてこの男が日本大使を襲撃したときには、韓国の反日メディアはこぞって金容疑者のテロ行為を「英雄的だ」と報じていたという事実です。その証拠に、金容疑者は日本大使を襲撃したことで有名になり、本まで出版していますます。国会議員とも親しく話すような人気者になり、彼の活動を支援するスポンサーも数多くいたのです。

韓国人が最も尊敬する歴史上の人物の一人は、ハルピン駅で伊藤博文を暗殺した安重根です。犯行動機が何であれ、要人暗殺犯はテロリストとして捉えられます。ですから、韓国はテロリストを礼賛《らいさん》する国だと思われても仕方ありません。今回の駐韓米国大使を襲撃した金容疑者をかつて礼賛したのは韓国メディアだけではありません。北朝鮮の金正恩政権もまた、今回の駐韓米国大使襲撃事件を起こした金容疑者を、安重根に喩《たと》えて英雄視し、その行為を賞賛しているのです。北朝鮮はかつてアメリカから「テロリスト支援国家」と言われていましたが、韓国の場合は「テロリスト崇拝国家」とでも呼ぶべきでしょうか。

そもそも、安重根がどのような人物だったのかについて、韓国人のほとんどはまったく理解していません。安が殺害した伊藤博文は、日韓併合に極めて慎重な政界の最重鎮でした。併合反対派の中心人物であり、その意向を決して無視できない超大物政治家だったのです。ですから、安が伊藤を暗殺したせいで、日韓併合は一気に加速しました。

駐韓米国大使を襲った金容疑者と同様、自らの短絡的な行動によって、自分が最も望まない結果を導いてしまった。「論理的に自爆した」という意味において、これら二人のテロリストには大きな共通点があると言えます。これこそ、本物の「自爆テロ」ですね。

しかし、駐韓米国大使を襲った金容疑者と安重根には大きな違いがあります。そもそも安重根が伊藤を襲ったのは、伊藤が天皇陛下の意思に反した政治を行う大逆賊であると考えたことが最大の理由です。つまり、安は明治天皇に対して、大きな敬意さえ抱いていたのです。ちなみに韓国語版の「ウィキペディア」を機械翻訳して読んだのですが、この「韓国人に不都合な真実」は記述がないようです。

安重根は日本人の看守や、日本の一部民族主義者のあいだで支持されたのですが、その理由は、朝鮮の独立維持を願った姿勢のみならず、安自身が欧米列強の有色人種に対する帝国主義的植民地支配に異議を唱えていたという点にもあります。つまり、天皇に敬意を示し、アジアを欧米列強から解放しなければならないとする安重根の思想は、日本の「大東亜共栄圏」や「八紘一宇《はっこういちう》」の思想に通じるものです。すなわち、大東亜戦争を開始せざるを得なかった日本の動機と同じなのです。

つまり、安重根を英雄として奉《たてまつ》ることは、今の韓国人のほとんどが忌《い》み嫌っているはずの「戦前日本の政治思想」の正しさを、そのまま信じ、敬《うやま》っていることに他なりません。歴史を知らない韓国人は、ここでもまた論理的な自爆を繰り返しているのです。歴史的ファクトを無視すると、こういう自己矛盾が生じることになります。

そういえば韓国では、二〇一四年、安重根が敏腕スナイパーとして現代にタイムスリップし、慰安婦問題や竹島問題で「妄言」を吐く日本の安倍晋三首相を狙撃するという小説がベストセラーになりました。この本の著者は、「安倍首相に対して反省のチャンスを与えるために書いた」などと大真面目に言うのです。年間数百万人単位の相互交流がある近隣国の総理大臣に対するテロ行為を描いた小説は、反日運動が国是とされる韓国では人気を博するのかもしれませんが、日本をはじめとする先進国であれば、どんな出版社も相手にしないでしょう。

そもそも慰安婦問題や竹島問題で「妄言」を吐いているのは、韓国人に他ならないという現実に、一日も早く気づいてほしいものです。

漢字が読めないから歴史がわからない

とはいえ、韓国人がしっかりと歴史を学ぶことができないのは、ある意味で仕方ないと思います。なぜなら、彼らは「漢字が読めない」からです。戦後、日本の業績をすべて否定するという韓国ナショナリズムが盛り上がった結果、韓国政府は漢字の使用を廃止し、ハングル文字のみの使用を推進したのです。その結果、今日ではほとんどの韓国人が漢字をまったく理解できなくなりました。

かつて朝鮮半島にいた知識人らは、会話こそ朝鮮語で行ったものの、公文書や歴史書などはすべて漢字（漢文）で書いており、李氏朝鮮第四代国王の世宗が導入したハングル文字というのは、長いあいだ、漢字を使いこなす教養を持たない女子供が使う文字として蔑《さげす》まれていました。つまり、今とは真逆の状況にあったわけです。

一方、この歴史的に軽んじられていたハングル文字を発掘し、朝鮮人全般に広めたのは日本です。日韓併合後、自国と比べてどうしようもないくらい酷かった一般朝鮮人の教養レベルの低さに驚いた日本政府が、その識字率向上のために各地で新たに学校を建設し、そこで努力しつづけた結果が、現在の朝鮮半島におけるハングル文字の普及なのです。

日本統治時代は、表音文字であるハングルはひらがなのような使われ方で、日本語の「漢字かな交《ま》じり文」のように「漢字ハングル交じり文」が用いられました。

しかし韓国人は、一時の感情的な理由で漢字を全面的に放棄したため、昔の漢字だけで書かれた文献はもちろん、今では漢字ハングル交じり文すら読めなくなりました。もはや自国の歴史さえ読むことができなくなったばかりか、自らの先祖が見下したはずのハングル文字を今や誇りとし、かつ、それを朝鮮半島全域に広く普及させたかつての日本の政策をそのまま、戦後になっていっそう過激かつ大真面目に模倣しつづけてきたのです、ほとんど冗談としか思えないような自己矛盾に陥っているのですが、そのことに気づいてすらいない。ここでも彼らは、論理的自爆を繰り返しているのです。

これはある日本人の友人の実体験なのですが、かつて海外に住んでいたとき、喫茶店で日本の家族に対する手紙を書いていたところ、知り合いの韓国人交換留学生がやってきて、突然、

「戦略の勉強をしているのか。すごいなあ」

と言ったそうです。でも単に手紙を書いているつもりの友人は、相手が何を言っているのかわからない。それで、どういう意味かと質問したところ、ソウルの一流大学に属する相手は、友人の手紙の冒頭に書いてあった「前略」という文字を指して、

「ストラテジー（戦略）と書いてあるじゃないか」

と言ったそうです。つまりこの韓国人留学生は、「ぜんりゃく（前略）」と「せん

りゃく（戦略）」という似た字による勘違いをしたわけですが、このとき私の友人は、「韓国人は、ここまで漢字が読めないのか」と驚いたそうです。

もちろん、日本にも似たような動きは過去にありました。たとえば、初代文部大臣を務めた森有礼《もりありのり》が「日本語を廃止して英語にすべきだ」と言っていた事実を知って、驚いて調べてみたら、当時の日本にはまだ、社会や存在、自然、権利、自由、個人、品性、人格、近代、美、恋愛、芸術、彼・彼女などの言葉がありませんでした。そのため、これらの概念を日本語では表現するのが難しく、このままでは日本は近代化できないと森は考えたのです。

気持ちはわからなくもないですが、今から考えれば、わずか四十一歳で暗殺された森有礼の「若気《わかげ》の至り」だったと言えます。

結局、日本は実際に漢字を廃止したり、英語を国語にしたりということはなく、西洋の言語や概念の大半を、翻訳して漢字で表現するという大変な作業を行いました。ちなみに、大東亜戦争の終結後にも、文学者の志賀直哉が、「日本の国語をフランス語にするべきだ」と言ったそうですが、もちろん政府に採用されることはありませんでした。

ところが「日本憎し」のあまり、短気を起こして本当に漢字を廃止し、ハングルという独自の表音文字だけにした韓国では、国民の大多数が、わずか七十年前の書籍や新聞をまったく読めず、歴史の真実に向き合えないわけです。おかげで戦後の韓国は、文化的水準が下がったはずだと思います。これまた「文化的自爆テロ」とでも言うべきもので、まったく悲劇と呼ぶべきか喜劇と呼ぶべきかわかりませんが、こういうことをいつまで繰り返すのかなと思います。

「造語」と「身分解放」で韓国の近代化を実現した日本

明治期の日本人は、いちはやく欧米文明を取り入れましたが、その際、彼らが最も悩んだのは、欧米的な政治や社会の概念をどのように翻訳して日本語で、とくに漢字で表現するかということでした。一部は先ほど書いたものと重複しますが、民主主義、自由、共和制、交通、情報、物質、電気、経済、郵便、銀行、衛生などという言葉は、すべて日本人による発明です。福沢諭吉や西周《にしあまね》などの啓蒙思想家が、試行錯誤を繰り返しながら翻訳し、日本国内で徐々に定着したのです。それらが日本から中国や朝鮮半島に流れていった結果、向こうの人たちは初めて欧米文明を理解しはじめ、それによって近代化することができたのです。

その証拠に、明治の日本人がLibraryを訳した「図書館」は、韓国語では「トソグァン」と発音しますし、中国語では「トゥーシュークアン」と言います。これら、現在の中国人や韓国人が使っている漢字（あるいは漢字由来）の名詞の多く（七割ともいわれています）は、明治期の有能な日本人が新しくつくった言葉です。

一説によると、そんな日本人の造語は二〇万以上もあるとのことですが、長いあいだ、旧態然とした時代遅れの「中華思想」の中で呑気《のんき》に生きていた李氏朝鮮や清の人々（現在の韓国・中国人）は、日本人が必死になって努力したおかげで今日の近代的な生活を享受《きようじゆ》しているのです。

日本は、西洋文明を輸入して、その概念を言語的・思想的に広めただけではありません。朝鮮半島において、李氏朝鮮時代から厳しい階級格差を強いられていた人々の「身分解放」を行ったのです。

かつて朝鮮半島の人々は、両班《ヤンバン》という階級を頂点とした「良民」と、奴婢《ぬひ》や白丁、僧侶などの「賤民」に分けられていました。汗をかいて労働することを嫌悪し、「箸と本より重いものは持たない」ということを誇りとしていた両班階級は、自分より下層の者を徹底的にいじめ、金品を差し出させ、言うことを聞かなければ自宅に連れ帰って拷問し、罪にも問われないという特権を何百年も維持しました。

これはある知人から聞いた話ですが、日本でやっていた「料理の鉄人」とか、NHKの「プロジェクトX」のような番組は、韓国ではとてもできないそうです。なぜかというと、韓国ではキッチンに男が立つのは恥ずかしいことであり、日本みたいに「モノづくり精神」に基づいて、工場で汗を流して作業するという職業は、褒めるべきものではないと考えられているからです。

職人とは、どこか恥ずかしい仕事で、あまり頭の良い人たちではないという意識があるのだそうです。エリートとは、ビシッとスーツを着て、高層ビルで働くものなのだと。このあたりは、いまだに儒教の悪い部分、つまり両班のようなあり方をよしとする感覚が、韓国には強く残っているのだと聞きました。

一方、上の階級から非人間的な仕打ちを受けていた、かつての賤民階級は、住居や職業、結婚などにおいて激しく差別されました。その多くは奴隷として市場で人身売買され、白丁にいたっては人間とすら認められていませんでした。その結果、支配階級の最上位である両班は、賤民階級の人々から激しく恨まれる存在でした。

支配階級たる「武士」と「両班」の最大の違い

もちろん、日本の過去にも階級差別はありました。しかし、朝鮮半島ほど苛烈な差別は記録に残っていませんし、奴隷売買もありませんでした。

日本は中世以降、事実上の統治者となった武士階級は兵士であると同時に有能な官僚でした。さらに江戸時代になると、「武士は食わねど高楊枝《たかようじ》」で言い表される「清貧」と「誇り」を維持する日本の武士は、庶民の期待と憧れを一身に受ける対象になりました。ですから、まさに武士としての生き様の鏡とも言える「赤穂浪士の討ち入り事件」が起きたとき、江戸に住む町民は大喜びして彼らの忠義を大絶賛します。そしてなんと、討ち入りの日から二十日ほどで、現在も歌舞伎の演目として人気が高い「忠臣蔵」の初演が行われたのです。このように同じ支配階級でも、庶民の恨みと憎悪の対象だった朝鮮の両班と、日本の武士とは真逆の存在です。

そんな武士の起源は、天皇を頂点とする朝廷の警護役です。実は将軍、大名、武士、貴族、農民、職人などの身分や、年齢にもいっさい関係なく、日本人は太古の昔から全員が天皇の下にいる臣民です。時の権力者がどんなに偉そうに振る舞ってみても、日本という国は歴史上、政治家や軍人が「帝《みかど》」の上に立つことは一度もありませんでした。朝鮮や中国だけでなく、欧米でも当たり前だった奴隷売買の習慣が、日本にだけなかった理由はそこにあると思います。

日本は、皇帝や王などを頂《いただ》く君主制国家の一つですが、過去に一度も王朝交代が起きていません。帝、すなわち天皇を殺害し、その一族を追放することで、自分がその頂点たる地位に就こうと目論《もくろ》んだ極悪非道な権力者は、この日本列島には一人も生まれなかったということです。王朝交代を次々に繰り返してきたヨーロッパや中国大陸ではまったく考えられない、奇跡的な話です。

話を戻します。両班を頂点とする当時の朝鮮の激しい身分差別と悪《あ》しき因襲は、誇り高き武士道精神を持った元下級武士らがリーダーとなり、明治天皇の下で文明開化を実現させてきた当時の日本人から見れば、とても受け入れ難く、朝鮮半島近代化の最大の足かせになることは明白でした。このため日本政府は劇的な「身分解放」を行ったのです。

朝鮮の歴史を詳しく調べてみると、もう一つ、朝鮮には現代人の感覚では信じがたい「風習」がありました。それが「シバジ」と呼ばれるものです。妻や妾以外に、ひたすら男の子を産ませるためだけの役割を与えた女性を雇うのです。

伝統的な儒教を奉じていた朝鮮では、とくに上流階級の両班社会においては、妻は家門の跡継ぎとなる男子を得ることが何よりも大切なことでした。しかし、人間ですから、なかなかうまくいかないこともあります。子宝に恵まれない女性や、女児ばかり生まれるケースもありました。そして、男児を産めない妻は、まともな人間扱いさえされないことも多かったのです。

もちろん、両班の男たちの多くには妾もいました。しかし、妾の子は社会的に厳しい差別に遭うという習慣もありました。養子をもらうこともできましたが、事情によってはそれが難しい場合もあります。このような状況のなかで、何とかして男児を得るための手段として生まれたのが「シバジ」という風習だったのです。

このシバジに選ばれる女性の条件は、未亡人や離婚した独身女性、あるいは賤民出身の女性であり、なおかつ、子をたくさん産んだ「多産体質」の女性たちが選ばれたそうです。このような風習は女性を人間として見ていないという点で、著しく前近代的な発想に違いないのですが、このシバジの風習もまた、日本が「身分解放」とともに禁止したのです。

ちなみに「ウィキペディア」の韓国語版で「シバジ」を調べると、これは日本語以外の他言語もそうなのですが、一九八七年に公開された映画の話しか出てきません。おそらく韓国人は、「シバジ」が、自分たちの先祖が実際に行っていた悪しき風習である事実を知らないと思います。

朝鮮半島の教育充実とインフラ整備に努めた日本

朝鮮人を厳しい階級差別から解放した日本は、若者たちを教育するため、学問の機会を広く提供しました。その結果、二〇世紀の初頭にはわずか四〇しかなかった小学校を、四十年ほどで一〇〇〇以上に増やし、人間以下とされていた白丁の子弟も学校に行けるようになりました。一九一〇年の初等学校への就学率は一パーセントでしたが、一九四三年には四九パーセントにまで向上しています。

子供たちはそれらの学校で、日本語のみならず、朝鮮民族独自のハングル文字も学習し、数学や歴史（朝鮮史を含む）も教えられました。特筆すべきは、李氏朝鮮時代の厳しい男尊女卑思想によって差別され、ほとんど教育を受けられなかった女子に対しても、教育の門戸が開かれ、多くの女性が朝鮮につくられた学校や、日本国内の教育機関において勉学を深める機会を得たということです。

戦時中、若い朝鮮人女性たちが日本国内の女性たちと同様、街角で出征兵士のために千人針を縫い、万歳三唱で送り出す動画を「YouTube」で見たことがありますが、このような背景があったのかと改めて納得しました。慰安婦二〇万人の強制連行という話が荒唐無稽《こうとうむけい》な作り話であることは、戦時中の映像からも明らかなのですが、私がその映像を見た「YouTube」のアカウントは、後に削除されてしまいました。真実を知られたくない韓国側の妨害工作だと思います。

日本政府による朝鮮半島での「身分解放」は、一八六三年にリンカーン大統領が行った「奴隷解放宣言」に匹敵するほど先進的なことであり、これが朝鮮半島近代化の第一歩であったことは疑いようのない歴史的ファクトです。韓国人はこのこと一つをとっても、日本には大恩があるはずですが、それに対する感謝の言葉は聞いたことがありません。

日本が行ったのは、身分解放と教育の普及だけではありません。日本政府は、日本国民から集めた血税の多くを朝鮮半島に注ぎ込み、そこで各種の近代的なインフラを導入しました。上下水道や電気、道路や鉄道、橋梁などの輸送交通網を各地に整備し、一五〇〇以上の農業ダムや、六億本近い植林を行って、農業の振興と拡充発展を行いました。

現在も、北朝鮮には水豊ダムという巨大なダムがありますが、これもまた、日本政府が朝鮮半島を統治していた時代に、最新の土木工学技術と労力を投入して建設したものです。その予算たるや莫大なものであり、当時の日本政府が構想していた東京と下関を結ぶ「新幹線計画（弾丸列車）」に匹敵するほどの額だったのです。最近、東京から金沢までの新幹線が開通しましたが、それを開設するだけでも莫大なコストがかかっています。このことを考えるだけでも、当時の日本が、朝鮮半島の近代化にどれだけ尽力したのかがよくわかります。

水豊ダムは、琵琶湖の約半分におよぶ湛水《たんすい》面積を有し、完成した昭和十九年（一九四四）当時としては、発電規模において世界最大級を誇りました。また、そのつくり自体も要塞のように堅固であり、朝鮮戦争中には北朝鮮に対する電力供給を遮断するため、アメリカ空軍が何度も空爆をし、最終的には大型の魚雷を何本も撃ち込みましたが、それでも水豊ダムが決壊することはありませんでした。その後もほとんど改修が加えられないまま、今日もなお当時と変わらず発電を継続し、北朝鮮の最大の電力源の一つとなっているのです。

徴兵はもちろんのこと、税金さえも免除されていた朝鮮人に代わり、当時の日本政府は高い技術力と労力のみならず、日本国民の血税を惜しみなく朝鮮半島に投入し、その近代化に尽くしました。そんな自分たちの発展のために努力した日本を、現在の韓国政府とマスコミ、そして真実の歴史を知ろうとも調べようともしない多くの韓国人が口汚く罵《ののし》っています。それに加えて、朝鮮民族に不都合な真実は意図的に隠されています。まさに「恩知らず」であり、永遠の「中二病」（過剰な自意識や振る舞い）です。世界各国でささやかれる「芳《かんば》しくない評価」も理解できます。

外国人による日本人の一般的な評価は、「正直」「誠実」「親切」「勤勉」「冷静」「寛容」「トラブルを起こさない」などですが、韓国人は見事にこの真逆です。個人的には、これほどの差が生まれてしまう最大の原因は、民族性ではなく教育にあると考えたいのですが、両国の歴史をいろいろと調べてみると、民族性も考慮せざるを得ないというのが正直な感想です。

嫉妬とコンプレックスが「戦勝国」「世界一」「起源」を求める原因

韓国は戦後一貫して、自国を「戦勝国の一員」であると主張し、連合国側にあったのだと韓国民を洗脳する努力を重ねてきました。しかし、昭和二十年（一九四五）の大東亜戦争終結まで、朝鮮半島はすべて「日本領土」でした。

これは歴史的事実です。つまり、いま韓国人と呼ばれる人たちの先祖は「日本人」として連合国軍と戦いました。わかりやすく言えば、朝鮮系日本人だったのです。

ですから彼らは日本人として、大日本帝国の勝利を心から願い、朝鮮の女性たちは千人針を縫いながら皇軍の無事を祈り、男性も万歳三唱で兵隊を戦場へと送り出しました。終戦の年まで朝鮮半島に徴兵制は適用されず、朝鮮民族の日本兵の大半は厳しい倍率を勝ち抜いた志願兵でした。中には志願兵の試験に落ちて人生を悲観し、自殺した朝鮮人男性もいました。それほどまで「帝国軍人」に憧れていたのです。

そのような歴史を経て、朝鮮系日本人である彼らは「敗戦の日」を迎えたのであって、戦後になって建国された大韓民国の国民ではなかったのです。そもそも、終戦時には存在せず、戦後に建国された大韓民国が、どうすれば「戦勝国」になれるのでしょうか。

一つ例を挙げましょう。ある野原に子供たちが集まり、AチームとBチームに分かれて野球をしました。試合の結果、Aチームが勝ちましたが、その直後になって、BチームにいたメンバーのK君はAチームのところにやってきて、「ボクも最初からAチームの一員として戦い、勝ったんだ」と言い出しました。K君は、試合中は一生懸命にプレーし、必死のヘッドスライディングまで見せていたのですよ！K君の家族は全員が応援に来て、Bチームの旗を必死で振っていたというのに！

今の韓国は、まさにこれと同じことをやっているわけですが、こんなことは日本をはじめとする他の先進国の人間なら、幼稚園児でも言わないでしょう。「恥」を知っているからです。

それなのに、韓国では政府をはじめとする「大人たち」が真顔でこれを叫んでいる。何が何でも勝ち組につきたいという弱者の憐れむべき生存本能かもしれませんが、日本が反論せず、優しい気持ちで黙認すれば彼らの思う壺で、結果的に利用されるだけだというのは、過去の日韓関係から、さすがに理解できたはずです。

戦後補償の件も同じです。今になって韓国は慰安婦問題などで日本政府に対する個人補償を求めていますが、もともと日本は個人補償をするつもりでした。

日韓基本条約を結ぶとき、韓国政府は、かつての朝鮮人の軍人や軍属、役人らの未払い給与や恩給の他、接収財産などに対する補償を求めました。これを受けた日本政府は、

「韓国側からの徴用者名簿等の資料提出を条件に個別償還を行う」

と提案しました。日本としては、韓国政府の提出資料を個別に検討し、支払うべきものはきっちりと支払って、将来の友好関係へ繋げようとしたのです。この日本政府の対応は、法律的にも正しいですし、非常に真摯な態度だと言えます。しかし韓国政府はこれを拒絶しました。

彼らの主張は、「個人への補償は韓国政府が行う」ので、それらの補償金は「一括で韓国政府に支払ってほしい」というものでした。日本政府はそんな相手の要求に従い、「独立祝賀金」などの名目で、無償三億ドル、有償二億ドル、そして民間借款《しゃっかん》三億ドルの供与と融資を行いました。つまり、個人補償を拒絶したのは韓国のほうであり、補償金相当額を受け取った韓国政府は個人には支払わず、韓国経済発展のためにこのお金を使いました。

一方、日本もまた韓国に対する請求権を持っていました。先にも述べたとおり、日本は日韓併合時代、巨額の資金を朝鮮半島に投入し、インフラ整備を徹底的に行ったからです。

では、日本はそれらの資産についてはどうしたのでしょうか。当然、代金を請求できるはずです。オランダはインドネシアが独立したときに、インフラ代金をきっちりと支払わせています。しかし日本政府は、それらの請求権をすべて放棄したのです。

つまり日本は朝鮮半島に投じた莫大な資産をすべて残して無償贈与したばかりか、日韓基本条約においては、当時の韓国政府の国家予算の倍以上の金を支払うことで、その後の韓国の「漢江の奇跡」と呼ばれる飛躍的な発展を助けたのです。このような莫大な額の補償金や資産を日本から得た韓国は、国際法上の約束事として、もう二度と過去の補償問題を蒸し返さないのが当然ですし、裁判でも認められるものではありません。

日本が与えたのは、補償金や巨額の資産だけではありません。日本は日韓基本条約後も、韓国政府に大金を支払いつづけています。一九九七年に発生した韓国通貨危機や、二〇〇六年のウォン高騰に対する経済支援、そして二〇〇八年のリーマン・ショック後の混乱を軽減するための支援などとして、日本は毎回、韓国に兆円単位の資金を提供しつづけてきました。金額はそこまで大きくありませんが、二〇〇二年の日韓ワールドカップのときも日本は韓国にスタジアム建設費用を貸しています。

にもかかわらず、これまでに韓国に貸し付けたお金は、まだ一部しか日本に返済されていませんし、日本人が本当に苦しんだ東日本大震災の後には、サッカーの試合で「日本の大地震をお祝いします」という横断幕を掲げた韓国人サポーターまでいました。それどころか、二〇一三年五月二十日付の韓国『中央日報』では、韓国国内でも優れたジャーナリストの一人とされる同紙の論説委員が、日本への原爆投下を「(神の)懲罰だ」とまで言っています。

きっかけは実にくだらないことで、その少し前に、安倍晋三首相が東日本大震災で被災した航空自衛隊の松島基地を訪れた際に、アクロバット飛行隊「ブルー・インパルス」の操縦席に座ったのですが、その機体番号が「731」でした。これが、細菌兵器を研究したといわれる日本軍の731部隊と同じなので、日本の反省が足りないという、もう目茶苦茶のこじつけ記事です。この有名論説委員は、広島や長崎への原爆投下については「日本軍国主義へのアジア人の復讐だった」と言い放ったうえ、

「日本に対する火雷（爆撃）が足りないと判断するのも神の自由だ」

などと、日本への軍事攻撃を肯定する主張までしています。韓国の「一流知識人」の発言だそうです。自国の歴史に正面から向き合えないことの恐ろしさと惨さを感じます。プライドの高い韓国人が、歴史の真実を知ってしまったら、全員が自殺したくなるのではないかと心配になります。

日本は戦前から戦後、そして今日に至るまで一貫して、何とか韓国にしっかりと独り立ちしてほしいと願い、惜しみない支援を続けてきているのに、彼らの振る舞いや言動は、それが当たり前かのような前提で、感謝という概念が存在しないのだろうかと考えてしまいます。

強い者には恥も外聞もかなぐり捨てて媚を売り、弱った相手には「ゆすり」「たかり」で金を巻き上げ、人間性の欠片《かけら》もないような酷い仕打ちをする。それが李氏朝鮮時代まで続いた両班精神でした。現代においても、このような精神や行動に疑問や恥ずかしさを感じない政府や国民なのだとしたら、隣国の日本には、いろいろな意味で同情を禁じ得ません。

それから、韓国の「何でも世界一」とか「韓国起源説」というものは、あまりにも幼稚な発想と主張なので、本当に勘弁してほしいです。韓国は最近、自国の大学や学会が主催した「世界文字オリンピック」なるものを開催し、ハングル文字は世界で最も優れた言語だとして二回連続の「優勝」を飾ったそうですが、自画自賛どころか、自分で自分を優勝させるための国際大会を主催して、そこでしっかりと優勝して喜ぶとは、聞いただけでこちらが恥ずかしくなる話です。

また、「日本食のほとんどや各種武術、歌舞伎や花見など、日本が世界から評価されている文化は、すべて韓国人が教えてやったもの」という「韓国起源説」が韓国で流行していますが、これも実にみっともない話です。

たとえば「茶道」は、私の理解では、古くは中国からやってきた茶が、「詫《わ》び」や「寂《さ》び」という極めて日本的な精神文化の影響を受けて「茶道」となり、豊臣秀吉の頃に千利休《せんのりきゅう》が完成させたものだと思っていますが、韓国人によるとそれも朝鮮半島から来たと主張するのです。

ちなみに、それを証明するために行われる韓国茶道では、熱湯をつくるための茶釜は使われず、とても近代的なステンレス製の魔法瓶や湯沸かしポットが登場するのですが、実際にそんな韓国茶道のシーンを「YouTube」で見たときには、あまりの衝撃で腹痛を起こしそうになりました。これはさすがに冗談で笑わせようとしているのだろうと思ったのですが、彼らはどうやら本気らしいのです。

もっとも、「韓国起源説」の相手は日本だけではなく、たとえば黄河文明は韓国人がつくったもので、孔子もまた韓国人であり、印刷技術や紙を発明し、ロケットを発明したのも韓国人だと言い放ち、ある美術大学の教授に至っては、イエス・キリストが実は韓国人であったとし、また別の画家はイギリス人の先祖は韓国人だった——と言っているのです。

今日の韓国が国際社会で相手にされなくなっているのは、こういった幼児性の発《はっ》露《ろ》に原因があると思います。そして、その隣で日本が世界中の大きな信頼を得ている事実が彼らをよけいに苛立たせ、日本に対する愛憎交差した感情をむき出しにするしかなくなるのでしょう。

嫉妬とコンプレックスがいかに醜くて惨めなものであるのかは、成熟した社会で暮らしていれば遅くとも三十歳頃には気づき始めると思うのですが、国家元首の大統領ですら嫉妬とコンプレックスの塊に見えるからなぁ……。

歴史教科書問題は公開の形で堂々と論じ合えば良い

ここ三、四年で、日本人のあいだに韓国嫌いが急速に増えた大きなきっかけは、やはり以前の李明博《イミョンバク》大統領が、天皇陛下に対して大変なる無礼を働いたからです。この事件も、いろいろと調べてみると本当に酷い話ですね。

二〇〇八年四月、日本を訪問した李明博大統領は、天皇皇后両陛下と会見し、韓国訪問を招請しました。その後、日本は民主党政権になりましたが、二〇一一年十月、韓国ウォンが急落し、韓国経済が一気に悪化します。そこで野田佳彦政権は韓国を助けるために、通貨交換協定を一三〇億ドルから七〇〇億ドルに拡大して対応します。当時のレートでいうなら、五兆五〇〇〇億円にもなる破格の待遇です。

するとその翌年、李大統領は突然、竹島に上陸し、「ここは韓国領だ」と発言。同じ日に行われていたロンドン・オリンピックの男子サッカー日韓戦では、日本に勝った韓国人選手が、「竹島は韓国領だ」と書いたプラカードを掲げました。日本人はこれに怒りました。にもかかわらず、野田政権は五兆円規模の資金援助枠については見直さないと発表しました。そうしたら、その翌日、李大統領は天皇のことを「日王（日本の国王。つまり天皇ではない）」と呼び、

「（日王が）『痛惜の念』などという、よくわからない単語を持ってくるだけならば、来る必要はない。韓国に来たければ、独立運動家たちを訪ね、跪《ひざまず》いて謝るべきだ」

という発言をしたのです。これには私もびっくりしましたが、日本人はもう、これで完全に激怒しました。李大統領は無神経にも、いくら温厚な日本人でも確実に激怒する、絶対に触れてはならない禁忌《タブー》の部分に触れたのです。

そもそも天皇陛下に対して、韓国に来てくださいと自分から招待し、経済危機のときには日本からの支援で立ち直ったにもかかわらず、その恩義ある相手に向かって突然、「土下座して謝罪しろ」というわけです。国家のリーダーが毎回ここまで行儀の悪い国など、他に知りません。

こんな韓国が相手では、もう何を言っても通用しないのではないかと思いますが、もう一つハッキリさせておかねばならないことがあります。それが教科書問題です。

二〇一五年四月六日、韓国外務省は日本の中学校の教科書検定で合格した社会科の教科書に、島根県の竹島（韓国名・独島）が「日本の領土」と記載されたことに対して怒りを表明し、

「明白な歴史的事実を歪曲《わいきょく》した教科書を検定で合格させる挑発を行った」

などとして厳しく批判、駐韓日本大使を呼び出して抗議しました。

日本の立場からすれば、竹島が日本領土であるのは当たり前で、敗戦直後、日本が何もできないときに、韓国の李承晩大統領が勝手に境界線を引いて、火事場泥棒的に奪取していったという認識ですから、その事実をありのままに教えるのは当然のことです。

実は日韓両国は、過去に二度、日韓歴史共同研究を行ったのですが、いずれも挫折しています。この会議に参加した筑波大学の古田博司教授によると、日韓研究者の意見が対立した際、日本側が、

「資料をご覧になってください」

と言うと、韓国側は興奮して立ち上がり、

「韓国に対する愛情はないのかーっ！」

などと怒鳴ったということですが、こんな韓国側に対して古田教授は、

「民族的感情を満足させるストーリーがまずあって、それに都合のいい資料を貼りつけてくるだけなので、それ以外の様々な資料を検討していくと、矛盾、欠落、誤読がいっぱい出てくる。要するに『自分が正しい』というところからすべてが始まっており、その本質は何かといえば『自己絶対正義』に他ならず、したがって何をやろうと彼らの『正義』は揺らがない」

と指摘しています。

二〇〇八年十二月十六日付の『読売新聞』によると、米スタンフォード大学アジア太平洋研究センターが、日中韓と米国、台湾の高校歴史教科書比較研究プロジェクトを実施し、日本の教科書は戦争を賛美せず、最も抑制的だと指摘したとのことですが、私もそのとおりだと思います。一方、同研究チームは韓国の歴史教科書について、

「韓国は（中略）日本が自分たちに行ったことだけに関心がある。私が驚愕した一つの例は、主要な韓国の教科書には広島、長崎の原爆投下の記述がないことだ。それほどまでに彼らは自己中心的にしか歴史を見ていない」

などと、かなり手厳しい評価を付けています。実際のところ、日本が韓国併合時代に彼ら朝鮮民族に「行ったこと」といえば、生活レベルの向上と近代化に役立つ

手助けしかなかったわけですが、彼らは歴史的事実よりも、膨らみつづける妄想のほうを信じるみたいです。

このように、第三者から見ても公平に近い日本の教科書が気に入らないというのであれば、もう一度、今度はすべてを公開する形で、日本と韓国で互いに教科書の内容と根拠資料を見せ合って、検討会議を再開すればよいのです。おそらく、韓国の教科書には反日的なことがたくさん書かれていると思いますが、日本はそんなことで韓国に対して外交的な非難を浴びせるほどレベルの低い国ではありません。できればもう相手にしたくないと、ウンザリしていることは確実だと思いますが……。

韓国の言いがかりに対しては、ファクトを示して反撃せよ

今の韓国人には、戦時中の慰安婦問題や、日本軍の蛮行なるものを持ち出して日本の過去を責める権利も資格もいっさいありません。彼ら自身が「日本人」であったという事実もさることながら、当時、慰安婦を管理していた多くが、国籍は日本かもしれませんが、民族的には朝鮮人の経営者でしたし、違法に若い娘たちを売り

飛ばしていたのも朝鮮人でした。日本政府はそれを取り締まっていました。当時の、漢字ハングル交じり文で書かれた新聞記事がたくさん残っています。また、独立後、外貨を稼ぐために在韓米軍に対する慰安所を整備したのは、韓国政府でした。加えて韓国軍は、ベトナム戦争に出兵したとき、ベトナムの民間人に対し、目を覆いたくなるような数多くの残虐行為を働いています。その際、膨大な数のベトナム人女性をレイプしたという事実は前述のとおりですが、それどころか、TBSワシントン支局長（当時）の山口敬之氏がアメリカの公文書の中から発見した文書では、韓国軍自身がベトナム人女性を慰安婦として採用し、軍内部に設けた韓国兵専用の「慰安所」で働かせていたという事実が明らかになっています。

余談ですが、このスクープを発掘した山口支局長は一カ月後に左遷されたそうです。TBSはジャーナリスト魂を発揮した社員を讃えるのではなく、プレス・コード「⑧朝鮮人の批判」を行わない選択をしたと思われても仕方がありませんね。それとも「㉚解禁されていない報道の公表」に抵触すると考えたのでしょうか。最近、山口氏のトラブルが報じられていますが、日本の「人権派弁護士」たちは、メディア報道に伴う人権侵害について、もっと真剣に取り組むべきです。

さて、朴大統領は日本に対し、

「(慰安婦問題は) 必ず解決すべき歴史的課題だ」

などと言っていますが、韓国軍が「直営」の慰安所を経営していたことについて、どう説明するつもりでしょうか。しかも、そんな慰安所をベトナムにつくっていたときの大統領は、自身のお父上である朴正熙元大統領です。こうして彼らは、次々に「自爆テロ」を繰り返していくわけです。もういい加減、付き合いきれません。

最近、クリントン政権の一員だったロバート・シャピロ元米商務省次官が、韓国の朴槿恵大統領に宛てたビデオメッセージが「YouTube」で公開されました。経済学者の観点で韓国経済に提言をするだけでなく、日本への敵対的な態度やベトナム戦争での韓国軍の蛮行にも触れています。

「(日韓関係の) 古傷が治癒しない理由がここにある」

と、慰安婦問題についても言及しています。一部に事実誤認もありますが、大筋は事実に基づく内容です。私の記憶を辿《たど》っても、一国の大統領にこういった公開レターが出されるのは前代未聞です。それだけ韓国の最近の振る舞いは目に余るということでしょう。

先に挙げた「原爆=神の懲罰」という発言をした、韓国では一流とされている

『中央日報』論説委員も同じです。彼は、原爆で多くの同胞たる朝鮮人が巻き添えで死んでいることを、完全に知らないか、忘却しているのです。なかでも、朝鮮王室の末裔《まつえい》で、日本の公族でもあった李鍝殿下は、当時、広島の第二総軍教育参謀中佐であり、馬に乗って司令部に出勤する途中に被爆し、大火傷を負って翌日に亡くなりました。十歳の頃から日本に渡り、学習院や陸軍士官学校、陸軍大学校などで教育を受けられた殿下は、実に立派な顔立ちをされた方です。

このとき、御附武官を務めていた吉成弘中佐は、持病の治療のため、この日に限って一足先に第二総軍司令部に出勤していたために被爆死を免れたのですが、副官として殿下をお守りできなかったという自責の念から、直後にピストルで自決しています。

また日本軍は、李鍝殿下が亡くなった次の日には、混乱を極める広島市内の飛行場から、特別機を用意してその亡骸《なきがら》をソウルまで運び、殿下の夫人の許《もと》にお返ししているのです。そんな事実を、件《くだん》の論説委員は知りもしないでしょう。彼の筆に従うなら、李鍝殿下もまた「懲罰」を受けたということになります。漢字が読めず、歴史的事実に基づいた話をしないから、自分がいかに無知であるかにすら気づけないのです。

以前、韓国の大統領が、

「歴史とは好きに取捨選択し、必要なことだけ記憶するものではない」

として、日本に対して歴史に向き合うように呼びかけたという記事が、『ニューヨーク・タイムズ』などにも載りましたが、まったく「それはこっちの台詞《せりふ》だよ」と言いたくなります。「今日の韓国人こそ歴史を学べ、そして少しは恥を知れ」と。

もちろん、ハングル文字だけの現代の資料しか読めないのでは、歴史をちゃんと学ぶことは不可能です。ですから韓国人は、まずは一から「漢字」の勉強をやり直すべきです。彼らは祖国が先進国として認められ、ノーベル賞の受賞者が出ることに憧れがあるようですが、漢字を復活させるだけで間違いなく国力が上がります。

ちなみに私が漢字を学び始めたのは二十歳頃です。もちろん努力が必要でしたが、それだけの価値はありました。日韓の歴史について一人前に語りたければ、「自分たちのご先祖様が書いたものを自分の力でちゃんと読んでみろ」と言いたい。議論はそれからです。

その一方、日本人の皆さんには、沈黙せずに、はっきりと論理的に主張してほしいと思います。日本を愛する者として、日本人がこれ以上、偽りとハッタリばかりの韓国人にやられっ放しになっている姿を、私は見たくないのです。

しかし、そんな反論の姿勢はあくまで冷静かつ紳士的であるべきです。口汚く相手を罵《ののし》れば、外国人の大半は「日本人も韓国人も同じレベルだ。どっちもどっちだな」と思うことでしょう。とくに、一部のヘイトスピーチや、何かあるとすぐに「在日」のせいにしてしまう風潮。それから、政治家や著名人、あるいはフェイスブックなどのSNSにおいて、少しでも反日的、あるいは親韓的な発言をする人がいると、すぐに「在日認定」を始める人などは、見ていてとても情けないし、残念です。

日本人はそのようなレベルの低い土俵に下りてほしくないし、下りる必要がないからです。その点には注意をして、韓国からの言いがかりに対しては、歴史的ファクトを示し、大いに反撃してほしいと思っています。

韓国にも、表に出ている人は少数ながら、日本側の意見をしっかりと理解し、真実の歴史を学び、最近の同胞の行いに対して心を痛めている良識ある人たちもいます。たとえば『恥韓論』などの韓国批判本を書いたシンシアリー氏は、韓国生まれ、韓国在住の生粋の韓国人ですが、ファクトに基づいてバランスの取れた発言をする、とても立派な人物だと思います。金完燮《キムワンソプ》氏も自国に蔓延する嘘を冷静かつ詳細に書いた韓国語の本を、韓国内で出版した勇気ある人物です。

実は、私の弟は韓国に五年間住んでいたので、弟を通じて、在米・在韓の韓国人の友人が、私にもたくさんいます。批判や抗議も受けますが、彼らの多くは、「日本と韓国は似ている部分も多い国だから、良好な将来に向けて歩みを進めるべきだ」と考えています。そして、私の活動が「二カ国間の『愛』と『平和』に繋がることを期待している」とも言われます。我々は、このような良識ある方々の期待に応える必要があります。

本当は、日本語も韓国語も両方できる、在日韓国・朝鮮人（日本に帰化した人を含む）の活動に一番期待したいところです。日本の実業界や芸能界で成功している人も多いのだし、自分たちが民族的ルーツを持つ国が、世界中の笑い者になるような恥ずかしいことを繰り返す現状を、黙って見すごすべきではないと思いますよ。

日本語ができれば、何が歴史上の真実なのかは理解できるはずです。日本人は朝鮮半島で何も悪いことをしていませんし、朝鮮人は日本人にいくら感謝してもしきれないほどの恩を受けています。

その事実を知りつつ、引きつづき韓国側の嘘を擁護する側に立つようであれば論外です。日本人は今まで黙って見逃してきましたが、日本に住んでいて、ネット情報などにも接していれば、すっかり風向きが変わったと十分にわかるはずです。日本人は過去の過ちを水に流してくれます。堂々と「私は今まで間違っていました」と言えばいいんです。

日本がちゃんとそういう人々の味方になってあげられれば、きっと日韓両国の上には、いつの日か明るい未来が来るのではないかと思います。

第二章

中国よ、「アジア諸国にとっての脅威」はあなた方だ

アメリカ国内にはびこる中国ロビー

二〇一四年十一月、アメリカにおいてクリントン、ブッシュ両政権下で八年もかけて実施され、二〇〇七年四月に報告書として提出されていた、ドイツと日本の戦争犯罪に関する大規模な再調査の結果が日本でも報道されました。

これは「ナチス戦争犯罪と日本帝国政府の記録の各省庁作業班（ＩＷＧ）米国議会あて最終報告」というものですが、半世紀以上前の戦争における、日本の慰安婦にかかわる戦争犯罪や「女性の組織的な奴隷化」などの主張を裏づける証拠を発掘するため、なんと三〇〇〇万ドル（三〇億円以上）ものアメリカ人納税者の税金を使用し、移民局や連邦捜査局（ＦＢＩ）、中央情報局（ＣＩＡ）など、全米の各省庁を巻き込む大調査となりました。

私自身もこの報告書を興味深く読みました。ＣＩＡなどの情報機関は、通常、このような調査の要請に応じません。ですから、最初はやはり応じなかったようです。ＦＢＩも渋々応じています。

調査の対象となった未公開や機密扱いの公式文書は、なんと計八五〇万ページもあり、そのうち一四万二〇〇〇ページが日本の戦争犯罪にかかわる文書だったとのことです。それを調べるために、八年の歳月と多額の税金を使って、各省庁の専門家によって行われたこのＩＷＧは、アメリカ政府の保管する膨大な書庫を、すべて隈《くま》なく調べ上げたにもかかわらず、結局は慰安婦強制連行の証拠等を何一つ見つけられませんでした。収穫は、まったく「ゼロ」だったわけです。

この調査自体は、もともとアメリカ政府の意向として行われたものではなく、抗日華人ロビー団体による圧力のもとに実施されました。

実際、報告書の序文で、調査を担当したＩＷＧ委員長代行のスティーブン・ガーフィンケル氏が、何の証拠も出せなかったこの調査結果について「失望」と記載しており、また、本調査を促した在米中国系抗日・反日ロビー活動組織である「世界抗日戦争史実維護連合会」の名を挙げ、「こうした結果になったことは残念だ」とまで記しているのです。

つまり、日本のアラ探しをするために反日中国人が焚《た》きつけて調査を敢行させたということです。アメリカ人納税者の一人として、自分の払った税金がこんなものに使われたのかと思うと、本当に頭にきますね。

アメリカ政府に対してこんな調査の実施を強烈に促した「世界抗日戦争史実維護

連合会（略称：抗日連合会）」という団体の名前を、これから中国や韓国のプロパガンダと戦おうとする日本人はしっかりと覚えておくべきでしょう。この団体は、あの悪名高きアイリス・チャンの著書『ザ・レイプ・オブ・南京』の宣伝販売をはじめ、日本企業に対する強制労働賠償請求運動の他、日本軍の慰安婦問題などに対して様々な支援活動やロビー活動を行っており、アメリカ国内において韓国人らが建設中の慰安婦像にも協力しています。

また、二〇〇七年に採択され、日本の慰安婦を「性奴隷」「二〇世紀最大の人身売買」と断定し、さらに日本政府に向かって謝罪を要求したアメリカ合衆国下院一二一号決議が可決された際には、その背後でかなり暗躍したことでも知られています。

実はこの「抗日連合会」の英語での正式名称は、"Global Alliance for Preserving the History of WW II in Asia"です。お気づきでしょうか。組織名の中に"Japan"という単語は入っていません。特定の国や民族を対象としたロビー団体の名称や活動は、アメリカの公民権法に違反するからです。ところが中国名と日本名には堂々と「抗日」の名前を入れて、日本と日本人を攻撃しているのです。漢字が読めないアメリカ人を彼らは密かにバカにしているのでしょう。

このようにしたたかで、ずる賢い「抗日連合会」は、日本人の知らないところで活動し、その影響力は世界中に広がっているという事実を、日本政府は軽視すべきではないと思います。彼らが他にどのような活動を行っているのかという点を知れば、その脅威の深刻さはすぐにわかります。

中華人民共和国（PRC）政府から密かなバックアップを受けていると指摘されるこの団体は、かつて日本の国連安全保障理事国入り反対のために、世界で数千万人もの署名を集め、またカナダの教科書に南京大虐殺の記述を掲載させることに成功し、朝鮮と中国でそれぞれ二五万人もの慰安婦が強制的に集められたと発表する組織です。スタンフォード大学やプリンストン大学などの有名校で、南京大虐殺などの講義を行い、アメリカ副大統領クラスを囲んで日中戦争の問題を話し合い、「南京大虐殺賠償請求連合」なる組織をつくり、日本政府と日本企業から巨額の賠償金を巻き上げようとしています。この団体は今日もなお、アメリカをはじめとする世界中で、日本を包囲して攻撃する活動を行っているのです。

こんな中国ロビーの先頭に立って活動している中心メンバーの一人は、日系三世であるマイク・ホンダという民主党の連邦下院議員です（二〇一六年十一月の選挙で落選）。この人物は、日本人の血を引きながら、ありもしない慰安婦問題ついて日本政府に対する圧力をかけており、かなりの中国マネーを受け取っているようです。抗日連合会の本部は、彼の選挙区内にあります。

マイク・ホンダは、「アメリカ合衆国下院一二一号決議」、別名「従軍慰安婦問題の対日謝罪要求決議」の可決を求めて、同案を二〇〇七年一月に下院に提出しています。そして、IWGの最終報告書は、同年四月に提出されました。最終的に、先の決議案は六月二十六日に可決されています。

抗日連合会とマイク・ホンダの本来の計画は、IWGの最終報告書で、慰安婦強制連行の証拠を何か見つけて、その勢いを駆って慰安婦問題をもっと大々的に全世界にアピールし、日本を徹底的に貶《おと》めたかったのでしょう。ところが、これだけ大々的にかつ長い歳月を使って行った調査にもかかわらず、結局は何も出なかったのですから、ファクトとしてはもう決定的です。

戦後、日本の戦争犯罪を裁くため、アメリカやイギリス、オランダやオーストラリア、フランスなどの連合国は徹底的な調査をしました。そして、証拠不十分でも、多くの日本人を裁判にかけ、重労働や絞首刑、銃殺刑に処しました。それを経てもなお、抗日連合会は、

「日本の戦争犯罪はまだまだあるはずだ」

と期待して調べたわけですが、今まで以上の新しい資料が見つかることはありませんでした。彼らの積極的なロビー活動は、裏目に出たと言っても過言ではないでしょう。

中華人民共和国（ＰＲＣ）は日本と戦争をしていない

私が「中華人民共和国」を見て理解に苦しむのは第一章で韓国についても述べましたが、第二次世界大戦では存在していなかったこの国が「戦勝国」を自称したがることです。

ご存知のとおり「中華人民共和国」は一九四九年になって初めて建国された歴史の浅い国であり、大戦中に日本が相手にしていたのは最初から最後まで、蔣介石が率いる「中華民国」、つまり国民党政府とその軍でした。日本人は「中国」という言葉を何気なく使いますが、戦後の中国大陸には「中国」と呼ばれる国が二つあり、途中で入れ替わったのです。ですから私は、中華人民共和国については、英語の正式名称である“People's Republic of China”から来る「ＰＲＣ」と呼称しています。

日本は確かに、毛沢東率いる中国共産党の八路軍と戦ったことはありますが、彼らと「戦争」はしていません。意味がわからない人もいると思うので、少し詳しく説明します。

当時の八路軍は「共産匪賊《ひぞく》」という扱いであり、正式な国家ではありませんでした。彼らは国際法の観点で見ると、非合法なゲリラ組織にすぎなかったのです。

そもそも「共産匪賊」である彼らが戦っていた相手は、あくまでも国民党政府でした。要するに漢民族同士で、中国大陸における勢力争いをやっていたのです。ですから共産党軍が行っていた戦いは基本的に「内戦」であり、国際法で認められた国家間の「戦争」ではないのです。

また、大日本帝国という国家の正規軍たる日本軍（関東軍）に対して、ゲリラ組織の八路軍が攻撃を仕掛けても、それはテロ行為にすぎません。たとえるなら、「日本軍 対 国民党軍」というボクシングの公式試合が行われている最中に、国民党軍のケンカ相手で、ボクサーライセンスを持たないチンピラが、リングサイドで観戦中、日本軍に空き缶を投げつけたようなものなのです。

この公式試合、常に日本軍の圧倒的優勢でしたが、最終結果は国民党軍の判定勝ちでした。後に、試合でボロボロになった国民党軍という勝者（戦勝国）を、チンピラは街中のケンカでボコボコにします。チンピラは後にボクサーライセンスを取得し、数回の試合を経て、ボクシングジムの会長になります。「国際（ボクシング）連合」は、暴れん坊に鈴を付けるつもりで、チンピラ会長に「名誉チャンピオン（安保理常任理事国）」の称号を与えます。初代の会長が死に、何度か代替わりすると、あるとき急にそのジムの会長が「昔、うちの初代会長は公式試合で日本に勝ったんだ」「最初から我々は本物のチャンピオン（戦勝国）だ」と主張しはじめます。もう一度言いますが、このジムの初代会長はチンピラ時代、確かに場外のケンカで国民党軍には勝ちましたが、日本軍とは公式試合をしたことが一度もありませんし、実際に日本軍に対してやったことは、リングサイドから空き缶をぶつけただけです。

中国共産党軍は日本のおかげで国民党軍に勝利できた

ちなみに大戦中、国民党と共産党で「国共合作」と呼ばれる休戦協定を結び、中国共産党は国民党軍の背後でゲリラ活動を行いました。時には日本兵を拉致監禁して、洗脳した後に解放しました。歴史的事実とはつじつまの合わない、ＰＲＣに有利な話をする「元日本兵」が日本に何人かいるのは、そういう裏事情です。

本題に戻ると、日本から見れば敵側の休戦協定など無関係な話です。戦時中の共産党軍はあくまでもゲリラです。ちなみに当時の中国（中華民国）の政府である国民党は腐敗を極めており、日本軍とはまともに戦わず逃げてばかりでした。

第二次世界大戦後に再開した「国共内戦」では、「共産テロ匪賊」だったはずの共産党軍にも敗北し、最後には中国本土を追われて、金銀財宝や美術品と文化財を抱えて台湾に逃げ込みました。だからこそ現在、中国ではなく台湾にある国立故宮博物院に、「中国」の歴史の中で生まれては消えた古代王朝の皇帝たちが集めた、貴重な美術品などが収蔵されているのです。

ちなみに、曲がりなりにも国の正規軍だった国民党軍に、ゲリラ組織にすぎなかった共産党軍が勝利できた理由をほとんどの日本人が知らないので私が説明します。

中国の日本軍（関東軍）は敗戦で武装解除され、ソ連に全装備を接収されました。中国の共産化を目指していたソ連は、この装備を共産党軍に与えたのです。さらに残留日本人のうち、軍人や医師、看護師らが強制連行され、軍事戦略や飛行機の操縦技術、医療などを教えました。これによって共産党軍は航空隊や砲兵隊、医療班を持つ近代的軍隊になり、国民党軍に勝てたのです。つまり、共産党軍が内戦に勝利し、PRC（中華人民共和国）という国が成立したのは日本軍の武器と日本人の技術提供のおかげです。後に毛沢東も、共産党軍に協力した日本人には感謝していると言っています。

そんなPRCが日本に対して「戦勝国」を名乗り、建国を助けた日本を非難しているわけです。心から「ふざけるな」と言いたいです。このあたりの恥知らずぶりは、韓国とほとんど同レベルと言わざるを得ません。そして彼らに反論できない日本人にも「しっかりしろ」と言いたいです。

PRCは日本に対し、「敗戦国として、ちゃんとわきまえろ」と主張したいようですが、そもそも日本は彼らに敗けた覚えどころか、先ほど説明したように「戦争」をした事実すらありません。

世界の歴史を見て、戦争で日本に勝ったのはアメリカだけです。「連合国が勝った」と言う人がいますが、個別の戦闘を見ると、日本軍はオランダ軍やイギリス軍、フランス軍を、アジアの植民地からあっさり追い出しています。アメリカ軍もフィリピンから一度は追い出されますが、戻ってきて日本と徹底的に戦い、最終的に勝ったのはアメリカだけです。

広島への原爆投下により、日本の敗戦が決定的になった後で対日戦に参戦したソ連は、一九四五年八月十五日以降も進軍をやめず、卑怯な手段で北方領土を奪った火事場泥棒です。中華民国とPRCは先に述べたとおりです。ちなみにアメリカも、戦後は格好をつけて偉そうにしていますが、対日戦では明らかな戦時国際法違反を数多く犯しながら、死に物狂いで得た勝利でした。

韓国が「戦勝国」を名乗るのが論外なのは、すでに書きました。さらに補足すれば、韓国の「建国の父」である李承晩は両班出身で、第一次世界大戦の頃はハワイに住んでいました。その頃、アメリカ政府に対して提出した「第一次世界大戦徴集カード」には、自らの国籍を「日本」と記載しています。確かに日韓併合で朝鮮人は全員が日本国籍の時代ですから、やむを得ずそうしたのかもしれません。しかし、「列強になりかけている強い日本につくほうがよい」という、朝鮮式の「事大主義」によるものとも考えられます。

その翌年には大韓民国臨時政府なるものをつくって首班を名乗り、上海から重慶へと移動しながら活動します。しかしその実態は、日本とは一度も戦ったことがないにもかかわらず「抗日戦線」を自称するものでした。つまり、中国の奥地で「俺は大韓民国の大統領だ！」と一人で叫んでいただけです。単に、妄想癖と虚言癖が強い人と見ることもできます。

今では中華人民共和国（PRC）も歴史から学べない

ところでPRCは、建国直後の一九五〇年代から、母国語の記述に用いる漢字を「簡体字」と呼ばれる簡略な文字に変更しました。このあたりも「日本憎し」のあまり、日韓併合時代に使っていた漢字ハングル交じり文という便利な表記方式を捨てた韓国とよく似ています。

韓国は朝鮮戦争で、PRCの軍隊に国土を蹂躙《じゅうりん》されたことが、漢字廃止に繋がった可能性もあります。韓国は近年、米国よりもPRCへの接近を強めていますが、現代の韓国人は、朝鮮人の同胞が朝鮮戦争で数多く死んだ最大の原因は、PRCの朝鮮戦争参加にあることを知っているのでしょうか。

この結果、韓国と同様に、PRCに生まれ育ち、教育を受けた中国人たちもまた、自国の歴史書をほとんど読めなくなってしまいました。これは一種の愚民化政策であり、両国とも見事な成果を収めているのですが、私はこのように歴史を断絶させようとする行為自体が、自国の真の歴史を国民に知らしめないための措置ではないかと考えています。

中国では、秦の始皇帝による「焚書坑儒《ふんしょこうじゅ》」以降、王朝が変わるたびに、前の政権が編纂した歴史書を毀損《きそん》し、新たに自らの王朝の正統性を証明する「正史」をつくり直す作業を繰り返してきました。どの王朝も拷問や処刑などで残虐行為を重ね、後世に誇れるようなことをしていないので、懸命に史実を「お化粧」して、自分たちがやってきたことをキレイに見せる必要があったのです。

それに対して、王朝交代が一度もない日本では、「大化の改新」が皇太子自らが剣を取った血生臭いクーデターであり、その後に兄弟間の権力闘争があった事実や、朝廷が分裂した南北朝時代が存在する事実すら隠しておらず、本当に正直な国だと思います。

ちなみに韓国は現代でも、大統領が変わるたびに、前の大統領が汚職で逮捕されたり、死刑判決を受けたりしています。PRCでも現在の最高指導者である習近平氏は、引退した胡錦濤氏や江沢民氏に近い政府高官を次々に汚職容疑で逮捕しています。人民解放軍の制服組トップだった郭伯雄・前中央軍事委員会第一副主席まで逮捕したことで、軍事クーデターが本格的に懸念される事態になりました。習近平氏の暗殺未遂事件がすでに何件も起きているという情報もあります。

とにかく中国や韓国は、昔も今も汚職と権力闘争が激しいのです。そのような恥ずべき過去を誤魔化したり否定しつづけてきた結果、彼らはもはや、本当の歴史がどこにあるのかがわからなくなっている気がします。以前、「PRCの王毅外相や韓国の朴槿恵大統領が、日本に対してしきりに『歴史認識』と叫ぶのは、漢字が普通に読めるおかげで、戦前・戦中・戦後の歴史的事実について検証可能な日本人に『本当の歴史を教えてください』と哀願するSOSなのか？」という皮肉を書いたことがありますが、実は皮肉ではなく、正解なのかもしれません。

ところで先の戦争中、日本軍が中国の村や町を略奪し人民を虐殺したとPRCは言いますが、知り合いのジャーナリストが、日本陸軍の元兵隊で南京に向かって進撃した人に直接取材したことがあります。元兵士はこう語ったそうです。

「上海から南京までずっと歩いていくと、当然、その途中に村がいろいろあるのだが、村人の大半は恐れをなして早々に逃げてしまっており、家の中を覗いても、もうとにかくドロドロに汚れた割れかけの茶碗とか、箸などが散乱していて、洗濯物として乾かされている服もボロボロで、布団も虫がいっぱいわいている。とにかく臭くて仕方なかった」

当時の中国人民はそれくらい貧しかったということです。そんな状態の村や町を目の前にして、三〇キロぐらいの装備を担いで進軍する疲労困憊《こんぱい》状態の日本兵が略奪なんかするわけがないというわけですが、この話はとても説得力があります。

毎回増えつづける数字には何も根拠がない

「南京大虐殺」と呼ばれるものは、本当に何から何まで眉唾です。もちろん、戦闘終了後に「便衣兵《べんいへい》」というゲリラたちをいっせいに処刑したのは事実でしょう。しかし、それはどこの戦場でも行われていたことです。軍服を脱いで民間人のフリをする敵兵は、国際法上、保護されません。彼らは最も卑劣なテロリストだからです。

戦争は確かに野蛮な殺し合いにすぎない面もあるのですが、善し悪《あ》しの判断は別にして、外交の一手段として国際法上認められています。ですから、野蛮な殴り合いに見えるボクシングと同様、資格を持った者同士がルールに従って戦わなければならないのです。そして便衣兵とは、戦争に参加する資格を持たずルールに従うつもりもないが、民間人に隠れて敵を密かに殺す意志を持った卑怯な連中です。戦場の混乱を拡大させるので、便衣兵は保護しなくてよいことになっています。南京では、このような便衣兵を日本軍は最大で二万人程度処刑したという説があります。

　しかし問題は、日本兵が婦女子を含む三〇万人もの一般人に対する「大虐殺」を行ったのか否かという点です。そもそも日本軍が攻略した時点で、南京の人口は二〇万人しかおらず、戦闘終了後数週間で秩序が回復したため、周辺から難民が戻って二五万人に増加したのです。重要なのは、どうやれば数週間で三〇万人を殺せるのかという、ただ一点です。

　百歩譲って三〇万人が殺害されたと仮定しても、そのような大量の遺体や人骨は今までに南京周辺で見つかったことがありません。そんな大規模な消失マジックは、ミスター・マリックやセロ、プリンセス天功並みのマジシャンが日本軍に相当いたとしても容易ではないと思います。

　ちなみに最近では、PRC側は「いや、被害者数は四〇万人だった」と言い出したそうです。何かの数字を発表するたびに毎回増えつづけるので、彼らは深刻な脳疾患を抱えているのではないかと本気で思います。

　そもそも、国民党政府は終戦後、日中戦争における軍民の犠牲者は約四四〇万人と言いました。ところがPRCは一九五〇年代に、それを一〇〇〇万人と言い出し、江沢民は一九九五年には、軍民犠牲者二一〇〇万人（負傷者を含めると三五〇〇万人)と言い出しました。

お笑い芸人がウケ狙いで話を大げさにすることはよくありますが、韓国人や中国人は話をするたびに犠牲者の人数を増やす習慣があります。失われた命の数の話ですから、私なら一人単位まで正確に出したいですが、彼らにはその感覚がまったくない。自分たちの記憶力が悪いから、他人の記憶力も悪いはずだと考えているのでしょうか。本当に脳疾患ならお気の毒ですが、呆れてしまいます。

ファシスト国家が「反ファシズム」とは笑わせる

二〇一五年二月二十三日、国連安全保障理事会の公開討論連合会で、PRCの王毅外相は、

「反ファシズム戦争の歴史的事実があるにもかかわらず、まだ真実を認めず、過去の侵略の罪をごまかそうとする試みがある」

と言いました。

当初、私はこの発言を聞いて、「へえ、周辺国に対する自らの侵略行為に言及するなんて、ついにPRCも謙虚になりはじめたのかな。しかし、よく平気で、そこ

まで言ったな」

と本気で思ったくらいです。ただ、あとになって王外相が、

「日本を標的にしたものではない」

とのコメントを発表したのを聞き、「えっ、日本のことを言ったつもりだったの？　それは考えもしなかった！」と驚きました。

そもそも、日本にはファシズムが存在した歴史がないのですが、よく勘違いされる昭和初期の大日本帝国と比べてもはるかにファシスト的なPRCが一九四九年の建国以来、中国共産党の一党独裁体制下でどのような「ファシズム戦争」を引き起こしてきたか、歴史を振り返ってみましょう。

朝鮮戦争において国連軍や韓国軍は当初、PRCの参戦を想定していませんでした。そして仕掛けた地雷原に対して、PRCの軍隊が人海戦術で、地雷を踏み潰しながら攻め込んで来るとはまったく想定外でした。国家のために命を惜しまない勇敢で立派な兵士たちだと思いますか？　実はその先頭に立たされていた兵隊の多くは、もともとは蔣介石率いる国民党軍にいた兵士で、国共内戦で共産党軍に捕まった捕虜たちでした。共産党軍が後ろから銃で狙っていたから、仕方なく地雷原に突入したのです。こんな残虐非道な作戦は、アメリカ人や日本人には考えもつかない

でしょう。

チベット侵攻では、何人くらいのチベット人が殺害されたのでしょうか。東京大学元教授の酒井信彦先生の指摘によると、PRCは「一九五〇年代のチベット動乱前後の、中国によるチベット侵攻および併合政策の過程で、各地で凄まじい虐殺や拷問を働いた結果、人口六〇〇万人といわれていたチベット全域で一二〇万人もの人々を殺害した」のだそうです。

つまり、PRCの武力侵攻によってチベット人は、人口の五分の一が命を落としたわけです。しかし、これはあくまで一九七〇年代までの話であり、直近三十年ほどのデータは含まれていません。こうして土着のチベット人の数を大幅に減らした後、PRCは漢民族を大量に入植させます。チベット仏教の寺院の九九パーセントを破壊し、僧侶も大量虐殺したといわれていますが、何という仕打ちかと耳を塞ぎたくなります。

PRCの横暴で残虐な行為を世界に知らしめるために、二〇〇九年頃からチベット僧による抗議の焼身自殺が続いていて、死者はすでに一三〇人を超えています。

さて、ウイグル（東トルキスタン）はもともとイスラム教徒の国であり、漢民族のPRCとは民族的・文化的にまったく別の国です。それにもかかわらずPRCは国共内戦中にこの「新疆《しんきょう》＝新たな征服地」を武力で制圧し、そのまま支配下に置きました。近年はニューヨーク同時多発テロや、「イスラム国」の問題と短絡的に結びつけて、ウイグル人の弾圧と虐殺を継続しています。

二〇一四年にもラマダンの時期に、ヤルカンドという町でイスラム教徒の虐殺が行われ、犠牲者数は二〇〇〇人にも上ると言われていますが、日本の大手メディアはこの事件をほとんど採り上げませんでした。また、七十年前のプレス・コードに従って「⑨中国への批判」を自粛したのでしょうか。

ＰＲＣはウイグル語の教育やイスラム教の信仰までも禁止し、ウイグル人の独自文化を完全に消そうとしています。漢民族との混血化も進めています。

「ファシズム」とは全体主義のことですが、ＰＲＣの横暴な政策をファシズムと呼ばずして、他の何をそう呼ぶのでしょうか。私はアメリカの弁護士なので、こういった論理的矛盾は見すごせません。彼らの無茶苦茶な論理と残虐非道な行動は、本当に目に余るのです。

「次のファシズムは反ファシズムの掛け声とともにやってくる」という言葉があるそうですが、今の中国はまさにその状況です。ＰＲＣは「チベットやウイグルでテロや暴動が起きたから警察と人民解放軍が鎮圧した」などと報道しますが、真相は

PRCの人民解放軍こそが、チベットやウイグルの民衆に対してテロ行為を繰り返している真犯人です。詐欺師が、被害者のことを詐欺師と呼び、自分こそが被害者なのだと裁判所に訴え出るようなものです。

ベトナムに対する中越戦争も状況は同じです。鄧小平が「生意気なベトナムに懲罰を与える」として武力侵攻を開始しましたが、PRCの軍隊は撤退時に村々のすべてを焼き払い、略奪して敵に何も残さないという「清野作戦」を行っています。ところが共産主義の「階級制打倒」の理念を軍隊にまで入れたため、軍人の階級や地位が高い・低いということが禁止され、他の部隊と合流したときは誰が指揮官なのかもわからず、現場で味方同士が混乱していたところをベトナム兵に襲撃され、逃げ回ったケースも多いそうです。

また、過去のベトナム戦争において、自分たちが北ベトナム軍に武器提供した長距離野砲によって自軍に砲弾を大量に撃ち込まれ、大変な損害を出したりもしています。

懲罰を与えるはずの相手に対し、数年前まで自分たちが武器を与えていた事実を忘れ、それでメチャクチャにやられてしまうのですから、彼らの「歴史認識能力の欠如」は漢字が読めなくなったことだけではなく、やはり、もともとの記憶力に原因があるのかもしれません。

中越戦争であれだけ痛い目に遭ったのに、最近の中国は、また南シナ海で石油が出るとわかった途端に、ベトナムの公船にぶつかるといった挑発を繰り返しています。過去の教訓からまったく学ばない人たちです。

ここまで書いてみて、ふと私は、「ＰＲＣや韓国は決して嘘をついているつもりはないのかもしれない」と思いました。彼らは「嘘つき」なのではなく、ただ単に、妄想や幻覚と現実の区別がつかなくなり、やがて記憶すら曖昧になっていく、統合失調症や健忘症に罹《かか》っているのではないかと。

そういえば二〇一四年十一月には、習近平とプーチンがＡＰＥＣで会談して、「ドイツ・ファシズムと日本軍国主義に対する戦勝七十周年記念行事を共催しましょう」と言い、二〇一五年九月三日にＰＲＣ国内で開かれる抗日勝利七十周年イベントにプーチンを招いて、抗日戦争勝利パレードをすると明らかにしましたが、悪い冗談としか思えません。まさに「ファシストの、ファシストによる、ファシストのための祭典」です。

このイベントに、九十代になった日本の村山富市元首相も参加する意向だと聞きました。長寿はおめでたいことですが、思考がおめでたいのはお祝いできません。

この祭典には韓国大統領も参加するでしょう。終戦間際に対日参戦し、ポツダム宣言受諾発表後に北方領土を奪った火事場泥棒と、内戦に勝っただけで戦勝国を自称する元ゲリラ組織。そして日本人として戦い、敗戦を迎えた瞬間に、敵側へ寝返った裏切り者たちの会合です。偉そうな発言が飛び出す度に、世界中が爆笑しそうです。

このイベントに集うべきは、忙しい各国の首脳や研究者ではなく、臨床実験の被験者確保に苦労する心理学研究者や、精神科の専門医たちが相応《ふさわ》しいでしょう。

大躍進政策という信じられない大愚策

前述の対外戦争や侵略的な行為のみならず、ＰＲＣには数多くの自国民を餓死や病死に追い込んだり、直接手を下して殺害してきた過去があります。そして、その愚かな行為は現在も続いています。

たとえば、毛沢東政権下で行われた「大躍進政策」では、二〇〇〇万人から四五〇〇万人ともいわれる人々が犠牲になったとされます。この、一九五八～六〇年にかけて行われた大躍進政策のことを知らない日本人が意外と多いようなので、簡単に説明します。

国共内戦に勝利して国民党政府を台湾へと追い出し、一九四九年十月に中華人民共和国を建国した毛沢東が、二〇世紀中に犯した過ちは数えきれないほどあるのですが、大躍進政策はその愚かさと犠牲者数においてワースト一位の大愚策です。毛沢東は同じ共産国であるソ連への対抗意識から、ＰＲＣを短期間で経済大国にすることを夢見ました。三年でイギリスを追い越し、十年でアメリカを追い越して、世界の表舞台へと大躍進したいと考えたのです。

そのためには農業と工業の両部門の生産量を、飛躍的に向上させる必要がありました。両方が併行して行われましたが、まずは農業部門から説明しましょう。一九五八年、毛沢東は農業生産量の増加には、農作物を食い荒らすスズメを捕獲する必要があると考えました。それで北京市だけでも三〇〇万人が動員され、三日間で四〇万匹ものスズメが駆除されたそうです。たくさん捕まえた人には報奨金が出て、少ないと叱られたのです。意外と資本主義的な考え方ですね。

ところで、確かにスズメは農作物を食べますが、同時に害虫となる昆虫も食べます。そのスズメをほとんど殺してしまったのです。天敵のスズメが突然いなくなったおかげで、田畑にはハエ、蚊、イナゴ、ウンカなどが大量発生し、ＰＲＣの農業生産は大打撃を受けました。ほとんど何も収穫できないところも多かったのです。

ところが、どこかのブラック企業のように、厳しく課せられたノルマの未達成を隠したかった各地域の役人と人民は、十分な農業生産量が確保できたと過大申告します。それがどのような結果を招いたのかは後で説明します。

続いて工業部門です。毛沢東は、農業部門で過大申告がなされているとは知りもせず、自分が考えた大躍進政策が成功し、食料は十分に確保できたと思っていました。それで、余った労働力を工業部門に振り分けようと考えたのです。彼は工業力が強い国とはすなわち、鉄鋼の生産量が多い国だと単純に考えました。ちなみに、「シンプル・イズ・ベスト」は、私も比較的好きな考え方です。

私を含む多くの人が毛沢東に敵《かな》わないと思う点は、その即決即断の実行力です。鉄の生産量も一年で倍増できると考えた毛沢東は、ＰＲＣの全人民にそれを命じます。田んぼも畑もそっちのけでスズメを取らせた後は、「みんなで鉄をつくれ」と大号令を掛けたのです。

今度は農民も鉄づくりに動員されます。ＰＲＣの素朴で素直な人民は、家にあった鉄製品を、片っ端から溶鉱炉の中に投げ込んで溶かしました。溶鉱炉と言っても、新日鐵住金が持っているような巨大なものを想像してはいけません。

「YouTube」のビデオで見ましたが、餅つき用の臼《うす》くらいのサイズの簡易な炉や、せいぜい家庭用焼却炉くらいのサイズです。そこに子供たちが、家中の鉄製品を入れて次々に溶かしたのです。ドアノブや工具、鍋や釜、農業用の鍬《くわ》や鋤《すき》まで溶かしました。

炉を燃やしつづけるために森林が伐採され、各地に禿山ができました。病院の医師までもが、診療そっちのけで鉄づくりに没頭しました。農民は田畑そっちのけです。全人民が、ひたすら鉄をつくりました。しかし彼らは鉄づくりの技術やノウハウを持っていたわけではありません。上からの命令に従って、命令を信じて、ひたすらに鉄をつくっていたのです。

こうして全人民総動員でつくった鉄は、もろくてまったく使いものになりませんでした。農民が田畑をほったらかしにしたので、農作物の収穫は期待できません。食料生産は四分の一にまで落ち込みました。森林は禿山になりました。さらに干ばつが追い打ちをかけます。

また、ノルマ未達成が発覚するのを恐れて行った収穫量の過大申告のせいで、食料の多くは都市部に回されていました。そのため農村部に貯蔵していた食料はすぐに底を尽き、飢饉《ききん》が発生しました。最終的に大量の餓死者と栄養不良からの病死者が出ました。最も少なく見積もった数字で一〇〇〇万人。最大四五〇〇万人という説もあり、これだと当時の日本の人口の約半数の命が、三年弱の愚策で奪われたことになります。これぞまさに「嘘のような本当の話」です。

このときばかりは毛沢東も反省し、自ら最高指導者の地位を辞職しています。しかし後に、再び共産党幹部間の権力闘争に割り込んで勝利し、復活しています。この国の指導者を信頼する人たちの気持ちが理解できません。

弾圧して殺害した自国民の臓器を売買

その後、文化大革命でも少なくとも数十万から数百万人が殺害されています。一九八九年に発生した天安門事件では、民主化運動を行った学生たちが一〇〇〇人単位で殺されたと考えられています。

「ウィキリークス」が二〇一一年八月に公開した、一九九〇年三月の米外交公電には、中国人民解放軍の兵士らは無差別発砲許可を受け、一〇〇〇人以上を殺害したとされていますし、ソ連共産党政治局が受け取った情報報告では、「三〇〇〇人の抗議者が殺された」と記されているようです。しかし、まともな情報公開をする国ではありませんので、今日でも本当の数字がまったくわからないのです。ちなみにNHKは以前、天安門事件で大規模な虐殺はなかったと報じましたが、「あなた方は公共放送ではなく中共放送なのですか？」と聞きたかったです。

近年で最も目立った国内弾圧の例としては、やはり法輪功の問題が挙げられると思います。PRCの駐日大使館は「法輪功は日本のオウム真理教と同じだ」と解説しており、完全な邪教やテロリスト扱いですが、一九九〇年代までは共産党政府内でもそれほど問題視されていませんでした。しかし、法輪功は大きくなりすぎたのです。中国の歴代王朝を振り返ると、新興宗教団体が大きくなって、それが革命に繫がって王朝打倒に繫がることが多いので、当局はかなりこれを警戒したのでしょう。江沢民の時代から凄まじい弾圧が始まりました。

恐ろしいのは、法輪功の活動家として逮捕され、拷問された多くの人間が、その後に殺害され、専門の「解体場」で組織的に臓器を取り出され、それらが外部に売却されたという説が根強いことです。この件については、カナダ国務省の元アジア太平洋担当大臣と弁護士のチームが調査を行いましたが、その結果、「中国政府は法輪功の信者から臓器を摘出し、臓器移植に不正利用している」とする報告が出されています。とくに二〇〇一年から二〇〇五年に行われた臓器移植手術案件のうち、約四万件の臓器の出所が不明であると言われています。

この情報については、アメリカ政府のほうではまだ確認していないとのことですが、国際連合拷問特別調査官のマンフレッド・ノーワック氏は、

「中国国内の臓器移植手術件数は、一九九九年より急激に上昇している。しかし、それに相当するだけのドナーは存在しない」

としており、PRC国内の臓器移植については、明らかに不透明な何かが横行していることは間違いありません。法輪功の犠牲者かどうかは別にして、死刑囚の臓器を勝手に販売し、儲けてきた政治家たちがいることは確実です。人権や法律に基づいた適正手続きなど考えもしない国なので、死刑囚相手に臓器提供の意志確認がされるはずもありません。そもそも死刑囚と言いますが、彼らが本当に犯罪者かどうかすら怪しいのです。

一部のメディアでは、「死刑囚や法輪功メンバーの遺体を外国企業に売り払ったのは、二〇一二年に失脚した元重慶市長の薄熙来の妻、谷開来である」と報じており、それらの売却された遺体の一部が、数年前に世界中で話題となり、日本でも各地で公開された『人体の不思議展』の標本として使用されたと言われています。谷開来はこの臓器や遺体の売買で巨万の富を得たそうですが、もしこれが本当だとし

たら、普通の人間の常識を超える、信じ難い所業だと言えます。

私は写真でしかそれらの遺体を見ていませんが、たしかにこの『人体の不思議展』の遺体はやけに若い人間が多く、なかには若い妊婦のそれもありますね。これなど、失脚した共産党元幹部の愛人ではないかという話まで出ています。これがただの噂であることを願いますが、彼《か》の国への淡い期待は裏切られるものだと考えておいたほうが良さそうです。

恐るべき「環境汚染」「食品偽装」「核汚染」

環境汚染の問題も極めて深刻です。日本でも、ＰＭ２・５が話題となりましたが、中国本土の空気汚染はもう何年も前からかなり深刻です。インターネットのあるサイトでは、中国の空気汚染度を六段階に分けた地図をリアルタイムで見ることができます（http://aqicn.org/map/china/jp/）。

日本では汚染度最低ランクの「緑色＝優」あるいは二段階目「黄色＝良」とされている地域ぐらいしかありませんが、中国は三段階目「オレンジ色＝軽微汚染」、四段階目「赤色＝軽度汚染」、五段階目「紫色＝中度汚染」、そして六段階目「茶色

＝重汚染」の地域が大量に表示されます。

エネルギー資源として石炭を大量に消費し、また煙を排出する工場や自動車等の環境対策などがほとんどできていないのが原因ですが、旧正月に鳴らす爆竹や、季節的な風によって汚染された土ぼこりが舞い上がることでも汚染が広がります。ただ、この問題はPRC指導部も問題視していて、何とかしなければならないと考えているようです。

かくいう日本も、かつては深刻な空気汚染があったことは確かです。私は一九七八年の夏に研修のために東京にやってきて、青山一丁目の一三階建てのビルの一三階にいたのですが、当時はまだ周りに高い建物がほとんどなかったにもかかわらず、強烈な光化学スモッグのせいで、すぐ近くの乃木坂までも見えないという日が多かったです。

渋谷のハチ公前広場にも一九八〇年代半ばすぎまで「本日の光化学スモッグ〇〇ppm」と表示される電光掲示板の塔があり、友人は学生の頃、待ち合わせの目印によく使っていたそうです。しかし今では劇的に改善していて、地方にいるのとほとんど変わりません。整備不良の車が走れば、すぐに「臭いなあ」と思うくらいですし、歩きタバコの人の煙の臭いを感じることもありますし、バイクの排ガスなどは強烈に臭いますね。

　中国本土はそれ以外にも、地下水の水質悪化が深刻です。そのせいで癌《がん》患者が他の地域より多発している「ガン村」が二〇〇以上あると言われていますが、これについてもPRC政府の環境保護部が発表した環境計画書はきっちりと報告しています。それらの原因は、生活排水や工場排水の垂れ流し、農薬の地下水への浸透だそうですが、こういったところでの癌患者の発生率は凄《すさ》まじいようです。

　それではなぜ、PRC政府は珍しくそんな環境汚染の現実を認めたのでしょうか。これは私の想像ですが、汚染地域の環境改善活動自体が、実は巨額の利益を生むビッグビジネスになると見られているからだろうと思っています。さもなければ、PRCが他の先進国並みに、この種のことを公開するはずはありませんから。ここで言うビジネスとは、主に役人や政治家の賄賂《わいろ》の話です。

　食の安全についても事態は深刻です。毒入りギョーザ事件とかマクドナルドの鶏肉偽装事件は、まだ日本人の記憶に新しいところですが、もっと恐ろしい話がありました。二〇一三年三月中旬、上海の揚子江河口に突然、一万七〇〇〇頭の家畜用豚の死骸が流れ着いたことがありました。『月刊中国』編集長である鳴霞さんによると、実際には七万頭も流れ着いたそうです。

それらを川に遺棄《いき》したのは、揚子江の上流にある養豚業が盛んな浙江省嘉興市の農家の人々だったそうですが、鳴霞さんの話でびっくりするのは、それらの農家は長年、猛毒「ヒ素」を餌に混ぜ、飼育する豚に食べさせていたそうです。理由は、「ヒ素」を食べさせることで豚肉や毛の色つやが一時的に良くなるので、市場で高く売れるからだそうです。

そして、それらの農家は宴会シーズンとなる旧正月（春節）を前にして大量の豚を飼育し、「ヒ素」入りの餌を与えつづけていたわけです。そして、上海市民を含む多くの人（中国人だけではなく、日本人駐在員やその家族も）が、そんな豚肉を食べていたわけです。もしかしたら、値段が高いほうが安全だという思いでそれらを買っていた人もいるかもしれません。

ところがこの二〇一三年の旧正月前、国家主席の習近平が、汚職追放キャンペーンの一環として、政府役人に対して節約令を出し、「旧正月はレストラン等でいっさいの飲み食いをしてはならない」と命じました。

その結果、レストラン等での宴会は激減して需要が萎《しぼ》み、農家では豚が売れなくなりました。そうこうしているうちに、豚が次々と死にはじめて、処分に困った農家が揚子江に投棄したというのです。豚が死にはじめた理由は簡単で、猛毒の「ヒ素」入りの餌を与えられた豚は長生きせず、四カ月以内に市場に出さないと内蔵が腐って死んでしまうからだそうです。

この事件について、ジャーナリストの財部誠一《たからべせいいち》氏は二〇一三年四月二十三日付の『日経Ｂｉｚアカデミー』の中で、これをただの噂としては聞き流せない理由を述べています。

実は数万匹の豚の死体が流された事件には伏線があった。なんと昨年11月、浙江省嘉興市で死んだ豚を流通させる悪徳業者が摘発された。２００９年１月から２０１１年11月までの間に、違法な食肉処理場で７・７万匹の死んだ豚を処理して販売したというのだ。関係者は一網打尽にされ、一審で主犯格の３人を無期懲役、10人を５～12年の懲役、残る４人を１年６カ月～３年６カ月の懲役に処すという判決が下されている。

だから今年３月、浙江省嘉興市で豚が大量死した時、これまでなら闇の流通網で死んだ豚を売りさばいていたが、それができず、やむなく黄浦江に投棄したというわけだ。

（『日経Ｂｉｚアカデミー』二〇一三年四月二十三日付）

これはもう、アメリカ人や日本人の想像を超える凄《すさ》まじい所業としか言いようがありませんが、これについて中国では次のようなジョークが流行《はや》ったそうです。「北京では窓を開ければタダでたばこが吸える。上海では蛇口をひねればタダで豚のスープが飲める」

PRCという国の国民は、普通に生活するだけで命がけですね。

他にも、中国の内陸部、とくに新疆ウイグル自治区で行われた多くの核実験によって、ウイグル人がかなり死亡したという話もあります。

二〇〇八年八月十一日付の『産経新聞』によると、ウイグル人のあいだでは悪性腫瘍、つまり癌の発生率が、他の地域の人と比べて三五パーセントも高くなっており、漢民族であってもウイグル自治区に三十年以上滞在している人は、ウイグル人と同じ発生率となっているとのことです。また、先天性異常の子供ばかりが生まれる地域もあると言います。

したがって「日本は世界で唯一の原爆被爆国」と発言する人は完全に勉強不足です。PRCの四六回にも及ぶ原爆や水爆の実験で、一説にはウイグル人の被爆者数は一二九万人以上、死者は一九万人以上とも言われます。日本で「シルクロード」がブームになった時代にも、この地域での核実験は続いていたので、多くの日本人観光客が何も知らずに被爆したのではないかと言う人もいます。

先日、ジャーナリストの丸谷元人《まるたにはじめ》さんと話をしていて、彼が学生の頃に新疆ウイグル自治区を旅した話になりました。あのあたりは、大変美味しいブドウの産地だそうです。まだ若くて食欲旺盛だった丸谷さんは、気温四六度くらいの日差しだったのも手伝って、それこそ砂漠のオアシス周辺で栽培されていたブドウを大量に食べたのです。

そして一息ついてからふと、たしかこのあたりは核実験場じゃなかったかなと思って、地元のウイグル族の人に聞いてみたところ、義憤に駆られたような顔をした彼らから、

「ええ、そこら中でやっていますよ。食べ物もみんな汚染されていて、それで死んでいる人もたくさんいます。北京政府は許せない」

と真顔で言われ、真っ青になったそうです。

今日も続く周辺国への侵略的軍事行動

ＰＲＣは、日本に対して「ファシズム」と言いながら、自らのファシスト的過去

にはいっさい触れず、多くの自国民を殺害する一方で、日本を含むアジア諸国への侵略、領土・領海・領空侵犯の野望を隠そうともしていません。最近のPRCは、とくに海洋進出に本腰を入れており、南シナ海から西・南太平洋、インド洋からアフリカ沿岸まで、多くの艦船を派遣しています。

南シナ海での石油採掘に絡むベトナムとの衝突はすでに述べたとおりですが、フィリピンに対してはもう何年も徹底的な嫌がらせを行っています。フィリピン領の島には「漁民の避難小屋」という名目で、軍が駐留可能な根拠地を建設してしまいました。石油資源の豊富なマレーシアも警戒を強めています。安倍首相は、これらの国々に対するバックアップを明確に打ち出していますが、こういう動きは非常に大切で、日本が地域のリーダーとなるうえでも欠かせないものです。

一方、南太平洋ではフィジーという国を完全に取り込み、資源の宝庫でもあるパプアニューギニアに対しても軍艦を派遣し、地下資源の権益確保を狙っています。

それどころか、オーストラリアの首都キャンベラでは、オーストラリアの国会議事堂からわずか数百メートルしか離れていない中国大使館の地下に謎の施設を建設し、また同国情報機関の新しい本部ビルの図面を、ハッカーを使って盗み出しています。今、オーストラリアの大学や研究機関には、一〇万人規模の中国人留学生や研究者がいますが、彼らがつくる中国人ネットワークが、事実上のスパイ網になっているともいわれています。そして、彼らの野望を支えているのが、巨大な中国人民解放軍です。

一九八〇年代から本格化した「軍の現代化」によって、人民解放軍は旧来の陸軍中心の組織構造を転換し、東シナ海や南シナ海での海洋利権確保に向けて、海・空軍力を主体とした統合運用能力の向上を目指しています。核弾頭搭載の大陸間弾道ミサイルのみならず、多額の費用を投じ、レーダーに捕捉されにくい最新鋭のステルス戦闘機の開発を進める他、ウクライナがスクラップとして売却したはずの空母「遼寧」に続く、二隻目の、かつ初の国産空母の開発も伝えられています。また、潜水艦の数も日本よりもはるかに多く、周辺国への脅威となっています。

とはいえ今の人民解放軍は、核兵器を除けば、まだまだ日本の自衛隊の敵ではありません。ＰＲＣがいくら空母を整備しようが、戦闘機を配備しようが、個々の兵員の能力や実際の兵器の能力、そして作戦面においてはまだまだ発展途上です。

日本人は第二次世界大戦の頃から空中戦には強いので、人民解放軍の戦闘機パイロットと戦って負けることはないでしょう。合同で訓練を行うアメリカ空軍や海軍のパイロットたちも、自衛隊のパイロットの練度の高さには舌を巻くと聞きます。

また、陸上戦闘においても、日本の軍人は昔から中国兵相手にほとんど負けたことはありません。ドイツ軍が設計した要塞《ようさい》に立てこもり、ドイツ軍の戦術と兵器を相手に戦った上海戦などは別にして、数倍程度の敵であれば、日本兵は戦場でいつも中国兵を追いかけ回していたのです。

ちなみに、昔から中国軍兵士の士気の低さには定評があり、すぐ戦場から逃げ出そうとするので、前線の兵士の後ろには「督戦隊」と呼ばれる兵士が控えていて、脱走兵をいつでも撃てるように味方の背後から狙っていたのだそうです。

加えて近年では、人民解放軍兵士の七割が「一人っ子」であり、入隊の際は親たちから「何があってもお前だけは死んではダメだ」と言われて軍人になるという噂なので、実戦になったときの彼らの士気の低さは、昔の比ではないかもしれません。

日本は四方を海に囲まれており、また人民解放軍は海洋進出を狙っているわけですから、これからは海軍力というものがいっそう重要になりますが、ここでも日本はPRCを凌駕《りょうが》しています。

とくに世界最強クラスとも言われる日本の潜水艦は、今ではオーストラリア海軍も喉から手が出るほどに欲しがっています。そんな最新の「そうりゅう」型は、これまで以上に静粛性を向上させ、かつ特殊な技術をエンジンに採用することで、水中での航続距離が飛躍的に向上していると言います。つまり、日本の潜水艦にかかれば、ＰＲＣの時代遅れな空母などわずか数本の日本製魚雷で「海の藻くず」となるでしょう。

能力の高い海上自衛隊の潜水艦部隊は、一方で、同じ海自の哨戒機Ｐ３Ｃ部隊の潜水艦探知能力を高く評価しています。これは訓練において、Ｐ３Ｃと潜水艦がお互いに仮想敵となって攻防戦を繰り広げる際の経験から出された感想ですが、二〇一五年三月二十日付の『産経新聞』によると、ある海自の潜水艦乗組員は、

「日本のＰ３Ｃ部隊は、世界一いやらしい部隊だ。米国の部隊と比べても、逃げるのが難しい」

と述べています。その一方で、Ｐ３Ｃのパイロットは、

「一度発見した潜水艦を見失うなんてことがあれば、恥ずかしくて基地に帰れなくなる」

と語り、潜水艦ハンター魂を見せていますが、このように、最近の自衛官の士気と練度は非常に高いのです。そんな、獲物を絶対に逃さないＰ３Ｃ部隊は最近、東シナ海方面に数多く出ているようです。ある隊員は、

「しょっちゅう沖縄に行っているので、沖縄土産を買って帰っても家族があまり喜ばなくなった」

と言っていますが、これはすなわち、沖縄周辺に多くの自衛隊の航空部隊が展開しているという証拠です。

こんな頼もしい日本が、PRCの軍事的野望を前にして、打つ手をなくしかけている東南アジア諸国に対し、もっと積極的に支援の手を差し伸べれば、PRCは一気に身動きが取れなくなるでしょう。そのためには「集団的自衛権」の行使容認とさらなる法整備が必要不可欠であり、これを阻止しようとする勢力は、PRCの覇権主義的野望について無知なのか、あるいは日本の国防よりもPRCの野望の実現に協力したい人たちのいずれかだと見られてもやむを得ないと思います。

資源の宝庫で戦略的拠点、沖縄を狙う中国

PRCが尖閣諸島を自国の領土だと言い出したのは、一九七一年のことです。その理由は簡単で、一九六八年に「国連・アジア極東経済委員会（ECAFE）」の協力で東シナ海で海底調査が行われたのですが、そこで尖閣諸島周辺の海域には一〇

九五億バレルもの原油埋蔵量があることがわかり、
「世界的な産油地域となるであろうと期待される」
として、有望な石油埋蔵地域だという事実が明らかになったからです。この埋蔵量は、イラクやクウェートのそれに匹敵します。もちろん、石油価格が急落した現在、その資産価値を図ることは難しいですし、測定の方法によってはその埋蔵量も変化するので、詳しいところはまだわからないというのが現実だと思いますが、それでも数十兆から数百兆円の規模であることは間違いないでしょう。

　また、ジャーナリストの惠《めぐみ》隆《りゅう》之《の》介《すけ》氏が書かれた『いま沖縄で起きている大変なこと――中国による「沖縄のクリミア化」が始まる』（ＰＨＰ研究所）によると、沖縄近海には一一カ所もの海底熱水鉱床があり、そこに眠る各種鉱物資源には五〇〇兆円もの資産価値があるということです。実際、二〇一五年一月二十八日には、独立行政法人「石油天然ガス・金属鉱物資源機構（ＪＯＧＭＥＣ）」が、沖縄の久米島沖で「有望な海底熱水鉱床の存在を確認」と発表しています。

　こんな「財産」が目と鼻の先にあるのですから、あの横暴で強欲なＰＲＣが黙っているわけがありません。だから彼らは今この瞬間も、尖閣諸島周辺に様々な船を出し、海上プレゼンスの確立を行おうとしているわけです。すでにＰＲＣは、日中中間線の日本側で、石油の採掘を始めているという話もありますし、ガスについてはどんどんと外側からも吸い出しているようですが、そんな泥棒行為を断じて許してはならないのです。

そういう意味で、日本の外務省が最近になって、PRC自らが「尖閣諸島」と書き込んでいた一九六九年作成の地図をホームページに載せた件は非常に素晴らしい対応だったと思います。いくら戦前の漢字が読めなくなっても、一九六九年に自分たちがつくった地図ですから、「健忘症」のPRCはこれで大恥をかきました。韓国への対応と同じく、PRCについても、こういう「歴史的ファクト」をしっかりと提示していくことが重要です。

海上自衛隊の戦意が高いP3C哨戒機の乗組員たちが、尖閣諸島周辺上空を飛行して、中国の行っている活動の証拠写真を撮ると、日本の外務省が「そんなところを飛ぶな」と言ったという話もありますが、盗人のような真似をしているPRCに対しては、外務省はもっと強気で構わないのです。

では、沖縄に対して、PRCが一気に出てこない理由は何かというと、それはやはりあそこに巨大なアメリカ軍の基地があるからです。これは揺るぎない事実であり、PRCは基地とアメリカ軍のプレゼンスを、何とかして弱体化し、できればグアムやハワイのほうにまで全面撤退させたいと考えています。

しかし、アメリカ軍が沖縄から出ていくことはあり得ません。沖縄に海兵隊がいることで、アジア太平洋地域全般に対中国の睨みをきかせることができます。実際、那覇から台湾は約六五〇キロですし、ソウルまでは約一三〇〇キロ、マニラは一四五〇キロほどであり、いずれも一五〇〇キロ以上もある東京までよりも近いのです。

想定される台湾海峡や朝鮮半島の有事に際して、わずか数時間で部隊を展開できるような地点は、他にはどこにもありません。アジアの主要都市まで拡大しても、すべての地域までほぼ四時間半で飛べるのです。私自身、以前、沖縄にしばらく住んでいたので、アメリカ軍や日本にとって、そしてPRCにとっても、沖縄という地域の戦略的な重要性がどれだけ高いのかがよくわかります。

アメリカは確固たる覚悟をもって沖縄に展開しているわけですが、そんなアメリカに対して正面切って喧嘩を売れないPRCは、今では沖縄の政治にうまい具合に入り込み、内部分裂戦略を採るようになっています。

「日当二万円＋送迎・弁当付き」の沖縄反基地運動

今の沖縄経済はアメリカ軍の基地と密接に結びついています。まず、基地は多くの雇用を生みだしています。同時に、他府県と比較して負担を大きく抱える沖縄に対し、歴代の日本政府は多額の振興予算を投じてきました。この話も日本のマスコミはほとんど報じないので、ＧＨＱのプレス・コードに抵触するのかもしれませんね。

日本政府としては、沖縄の地政学的な位置づけから、アメリカ軍の展開のために基地は必要不可欠だと考えていますし、アメリカもまた、世界戦略の要として沖縄を見ているので、現実問題として、沖縄には日本政府からのより厚い支援を求める以外に方策はありません。

私自身は、アメリカ海兵隊の普天間《ふてんま》基地は早期に返還すべきだと大昔から思っています。本音を言えば、辺野古《へのこ》よりも嘉手納《かでな》やホワイトビーチのほうが良さそうだなと思ったりもしますが、各基地の所属が空軍と海軍なので、海兵隊の普天間や辺野古とは管轄が違うんですね。アメリカにも縦割り行政の弊害というものがあるわけですが、とにかく普天間は一日も早く返すべきです。

意外と話題になりませんが、アメリカ軍もまた、沖縄にある基地を必要に応じて少しずつ縮小しています。かつて読谷《よみたん》には、世界的な盗聴アンテナ「エシュロン」というものがありました。通称「象の檻《おり》」と呼ばれていた巨大施設です。しかし今は日本側に返還され、完全に姿を消しています。今の時代、通信電波時傍受は、よりコストの安い宇宙衛星システムで行うので、あのような巨大施設自体が古くて必要がないからです。今、それらの地域には役所や学校がつくられています。

私の友人が一人、そこに住んでいますが、以前は外国人に住宅を貸す仕事をしていたのに、今では外国人がいなくなってしまって、家賃も暴落してやっていけないと嘆いていました。良いか悪いかの問題ではなく、現実問題として、もし沖縄から基地がなくなってしまえば、地元経済は一気に冷え込んで失業者が溢れることは間違いありません。にもかかわらず、沖縄では反基地闘争がますます盛んになっており、その背後にはＰＲＣの影が見え隠れしています。

以前から沖縄は、ＰＲＣなどの反日外国勢力が浸透しやすい素地を多く持っています。本土復帰後、沖縄では共産党や社会党が勢いを増すなど、左寄りの風潮が強い時代が続きました。新聞も『琉球新報』と『沖縄タイムス』という二紙に限定されていますが、この二紙もこれ以上はあり得ないというほど左寄りですし（おかげで二〇一七年四月に沖縄本島版が発刊された『八重山日報』は着実にシェアを伸ばしています）、国から多額の補助金を受けている琉球大学も、卒業式に日の丸を掲げることはありません。

誕生から今まで「君が代」を歌った経験が一度もない沖縄県民は少なくないそうです。こうした雰囲気のなかで、良識ある人たちのあいだでも「基地賛成」とは言えない雰囲気が醸成《じょうせい》されてきました。本土の日本人が胸を張って愛国心を示せないのと似た構図ですね。

日本は島国であり、「島国根性」と言われる内向きで局所的な考えが支持されやすい環境を持っています。つまり「木を見て森を見ず」「井の中の蛙《かわず》、大海を知らず」になりやすいのです。そして、沖縄のことを「島国の中の島国」と呼ぶ人がいるように、沖縄はその傾向がさらに強いのです。

このような状況のなかで、二〇一四年十一月に翁長雄志《おながたけし》知事が沖縄のリーダーになり、以来、辺野古への海兵隊基地移設反対闘争は一気にヒートアップしています。しかし、その反対運動というのは実に酷い状態です。移設反対を掲げる急進的左派や暴力的過激派による賛成派への脅迫や、アメリカ兵とその家族への攻撃も行われているのです。

その他、アメリカ軍基地のフェンスに赤いテープを巻きつける活動も行われていますが、そのテープの中にはガラスの破片が入っていて、取ろうとする人が怪我をするという「仕込み」まであります。これなど、完全に犯罪行為ですよ。「未必《みひつ》の故意による傷害罪」です。これをなぜ、日本の警察や公安がしっかりと取り締まれないのかがわかりません。

沖縄で暴れている基地反対勢力のなかには、左翼系だけではなくて、外国人工作員も紛れているようです。『夕刊フジ』二〇一五年四月七日付で証言したある公安関係者によると、

「急進的左派のなかに沖縄県民以外の人間が約一〇〇〇人いる。中国人と見られる人物も確認されており、工作員の疑いもある。彼らは辺野古移設反対闘争を『日米同盟分断』『安倍晋三政権潰し』の最大のチャンスと見て動いている」

というのです。実に驚くべきことですが、彼らは「沖縄を革命の拠点」と位置づけているとのことであり、今の沖縄はまさに「革命前夜」といった具合になりつつあるようです。

実際に多くの沖縄の県議会議員らもＰＲＣに抱き込まれており、沖縄の県議会議

員には、中国本土に行くと破格の高待遇を受け、なかには北京の迎賓館で国賓待遇を受ける人もいるといいます。

また、大手メディアでは報道されませんし、私もまだ裁判で立証できるほどの物証を握ってはいませんが、辺野古移設に反対する運動をやっている人たちに対してかなりの資金が出ているようです。いわゆる「プロ市民」と呼ばれる反対運動専門のサクラを、お金で雇っているわけです。真実であれば、間違いなくPRCが資金を拠出していると見てよいでしょう。

噂では、移設反対運動に参加すれば、日当は一口二万円ということです。おそらく秘密がバレないように、強いコネがある人にしか回ってこない「仕事」ですから、人によっては二口申し込んで、もう一つを友人にやらせて一万円の上前をはね、一日で三万円儲かるなどという話も出ています。時にはバスで送迎され、弁当がつくこともあるそうですから、背後にかなりの資金と組織的活動があると見るべきです。最終的にこの「プロ市民」たちに日当を支払う企業の名前も具体的にささやかれていますから、公安はとっくに証拠を摑《つか》んでいると思うのですが、一網打尽にする最高のタイミングを図っているのかもしれませんね。

沖縄は今まさに、PRCによる間接的侵略を実際に受けているといっても過言ではありません。マスメディアはなぜこれを大々的に取り上げないのでしょうか。理由はすでに十分書きましたね。

翁長雄志知事は「福建省名誉市民」

翁長雄志氏が沖縄県知事になったのは二〇一四年十一月ですが、それ以前から、沖縄で一つのプロジェクトが議論の的になっていました。それが、那覇市が福建省福州市とのあいだで結んだ友好都市三十周年の記念モニュメントとして、那覇市の入口に高さ一五メートルの龍の形をした柱「龍柱《りゅうちゅう》」を建造するという計画です。

沖縄の政財界には、何百年も前に福建省から移り住んできた人の末裔《まつえい》が多いそうです。彼らは琉球王国においても隠然たる力を保持していたそうですが、そんな縁もあって、もう三十年も前から那覇市と福州市とは付き合いがあるのです。

そこで何が問題かというと、この「龍柱」が意味するところです。まず、これは国の沖縄振興一括交付金を財源とする事業にもかかわらず、中国本土の原材料を使い、中国のデザイン業者が製作にかかわりました。つまり、日本人の税金が億単位で中国に流れるのです。

一方で、もっと深読みをする声もあります。もともと龍は、中国皇帝の象徴、シンボルです。それを沖縄の入口にあたる道路に建設することで、沖縄がPRCの属領であることをアピールしようとしているのではないかというのです。実は、かつて中国大陸の王朝は、戦争で敵地を占領すると、そこに必ずこのような龍の柱を立てていたという経緯もあります。

それどころか、那覇市にPRCの総領事館をつくり、またチャイナタウンまでつくろうという話もあり、実際にPRCは世界中で「孔子学院」という、孔子様とはまったく関係ない、文化侵略のための拠点を次々とつくっています。そのような事実を見るかぎり、この「深読み」は、決して絵空事《えそらごと》や根拠のない陰謀論で片づけられる話ではないのです。

では、なぜ翁長知事はここまでPRCにサービスするのでしょうか。PRC最高指導者の習近平と旧知の仲だからでしょう。習近平はかつて福建省のトップを務めたこともあり、何度も沖縄に来ています。その際に翁長氏との関係を深めたようですが、そんな経緯もあって翁長氏は、「福建省名誉市民」の称号をもらっています。

二〇一五年四月中旬に翁長氏は、河野洋平元衆院議長が会長を務める日本国際貿易促進協会の訪問団の一員として、河野氏らとともに訪中しました。河野洋平という人は、慰安婦問題で河野談話を出し、今の日本の国際的地位を酷く貶めた人ですが、こんな人物が今でも政権与党の自民党にいるということ自体、信じられない思いです。

沖縄はじわじわと浸食されている

ＰＲＣの対尖閣諸島・沖縄侵攻計画は、いま確実に動きはじめています。ＰＲＣは二〇二〇年までに、沖縄からグアムまでを自国の海にするという計画をはるか以前に立てており、スケジュールは遅れてはいますが、過去三十年間、まったく変わることなくその計画に沿って軍拡を行ってきました。

そもそも、戦後の復興を助けたのは、兆単位の金を投じて港や空港、道路をつくった日本なのです。それを逆手に取って、核ミサイルをはじめとする各種軍備の増強に当てて、支援した日本を今は狙っているというわけです。

私はつねづね、「なぜ日本がそんな国にＯＤＡを出すのだろう」と不思議に思っていました。もちろん、そこには政治家や官僚へのバック・マージン、企業への利益誘導という力が大きく働いていたのでしょう。もし彼らが現在のような状況に至らせる意図を持っていたのであれば、完全に「スパイ」そのものですが、本人たちにそんな意図はなかったとしても、あまりにも国益や安全保障というものを無視した、脇の甘い支援だったのではないかと思います。政治家や官僚たちが、本物のスパイに操られた結果という可能性も考えられます。

そもそも日本では、三百年前には「忍者」や「間者《かんじゃ》」を使いこなしていたはずなのに、現代日本人は「スパイ」とは小説や映画の中の話だと考えているようなので、正直言って呆れます。

実際、今日の日本国内には、すでに五万人もの中国人スパイが入り込んでいるという情報もあります。二〇一四年五月二十八日付の『夕刊フジ』によると、彼らは政財官界のすべてに入り込んで、様々な情報にアクセスし、また国会議員や自衛隊幹部、警察関係者を徹底的に尾行し、人間関係や個人的趣味・嗜好などを探っているといいます。なかには、「高級クラブなどに勤める女性スパイに渡すために『ハニートラップ用の顔写真付きリスト』まで用意していた」というケースまであるそうですから、驚くしかありません。

それだけではありません。日本全国の各自衛隊基地の近くには、いつの間にかPRCの情報収集工作拠点がつくられていたり、高度な機密情報を扱う中央省庁に出入りする企業が、いつの間にか中国系資本に乗っ取られていることもあるそうです。

私が最も情けなく思うのは、アメリカ軍の高度な軍事機密情報が、韓国を通じてPRCに流出している疑いがあるということです。こうして韓国からもたらされた機密情報を元にして、PRCは現在、新たな「尖閣上陸・強奪計画」をまとめていると言います（『夕刊フジ』二〇一五年四月七日付）。

最近になってどんどん自己制御が利かなくなっている韓国は、PRCへの異常なまでのゴマスリを始めていますが、軍事同盟国であり、これまで北朝鮮の脅威に対する歯止めをかけてきたアメリカに対してまで、そういう裏切り行為と言えることをしているわけです。そんな行為がいつか自分の首を絞めることになるのだということに気づかないのでしょうか。

しかし、今の安倍政権であれば、尖閣にPRCの軍隊が上陸した場合には、陸海空の精鋭部隊を投入して全力で奪還するでしょうし、日本国民も一気に目が覚めて、その行動を支持するに違いありません。そして、アメリカはそんなヤル気のある日本を見て初めて、尖閣周辺を確保するために大規模な軍事支援を行うことになると思います。そのとき、中国人民解放軍なる組織がいかに「ハリボテ」であるかを世界中が知ることになるわけです。

とにかく、世界中に嘘を吐いても平気、どんなに残虐行為を働いても知らん顔、にもかかわらず日本を徹底的に攻撃して金を毟《むし》り取ろうとし、挙げ句の果てには軍事スパイや産業スパイを大量に送り込んで、盗めるものはすべて盗もうとするこんな中韓両国は、本当に救いようがないとしか言いようがありません。つくづく、こんな両国を相手にせねばならないのは面倒な話です。

日本の皆さんには、ＰＲＣなどに騙されることなく、そんな脅威に対して敢然と立ち向かい、歴史論争においてもファクトを前面に出して、絶対に負けないでほしいと私は思っています。

第四章

わが祖国アメリカよ、いつまで「反日プロパガンダ」を続けるのか

ルーズベルトとスターリンが夢見た「世界二分割統治計画」

日米両国を愛する私にとって、日本とアメリカはなぜあのような戦争をしたのかということは、ずっと解けない疑問でした。しかし最近、いくつもの歴史書を読んでいて痛感したのは、日本が始めた大東亜戦争を語るにはフランクリン・ルーズベルト大統領の正体を知らなければ何も始まらないということです。結論から先に言えば、彼は本当に悪い人間、悪人だったということがよくわかりました。

たとえば、日米戦争の開戦についていつも語られるのは、日本の真珠湾攻撃が、はたして卑怯な「騙し討ち」であったのかどうかということです。今日も、アメリカ人の大半と多くの日本人のあいだでは、「アメリカ側は日本海軍の真珠湾攻撃をまったく予期しておらず、日本側でもまた、完全な無線封鎖による隠密行動で、ハワイの奇襲に成功した」というのが定説になっています。

しかし私は、それはあまりにも、ルーズベルトという人物の本質を見誤った結論だと思います。ルーズベルトという人物を甘く見てはいけません。

日本の大東亜共栄圏構想は、「欧米の植民地にされていたアジア諸国を白人の支配から解放し、独立させたうえで、日本がその先頭に立って導いていく」という趣旨だったと思うのですが、ルーズベルトの頭の中にあったのはまったく違うことです。

ルーズベルトは全世界を、ソ連のスターリンと二人で二分割して自分たちのものにするという考えを持っていました。私自身も最近になって初めて知ったので、ほとんどのアメリカ人はまだ、この事実を知らないと思います。

ルーズベルトが何を思ってそんなバカなことを考えたのか、当初はまったく理解できませんでしたが、スターリンとルーズベルトは「同志」だったのだということが最近ようやくわかりました。だから、彼の政権には共産主義者が非常に多く混じっていたわけです。

そんなルーズベルトとスターリンにとっては、大英帝国を率いるチャーチルが邪魔だったので、二人でいろいろと画策してチャーチルを無視し、あるいは大切な決定から外して、米ソだけが第二次世界大戦の勝ち組になるようにしました。結果、イギリスは大戦後、急速に力を失いましたよね。

ドイツの占領についても、実はもっと早くアメリカ軍がドイツの東のほうまで進軍することができたのですが、わざと進軍の速度を緩めて、わざわざソ連軍が東半分を取るまで待ったということが明らかになっています。ルーズベルトとスターリンの密約ということです。それで、見事、スターリンは東欧すべてを占領し、アメリカは西側を押さえて、NATO(北大西洋条約機構)というかたちで、アメリカの強い影響力を欧州でも行使できるようにしたという事実があります。

一方、極東では、アメリカの動きはもっと積極的でした。スターリンと密約を交わしていたルーズベルトは、幸運にも一九四五年四月十二日に病死します。副大統領から大統領に昇格したトルーマンは、ソ連に対してまったく気兼ねをしません。トルーマンは原爆投下命令を下したことで、多くの日本人から悪い印象を持たれていますが、もし日本の降伏があと半年早いか、ルーズベルトがあと半年長く生きていたら、日本の戦後がもっと悲惨なことになったのは確実です。

トルーマンはスターリンを同志だなどとは考えていません。ですから純粋に、対ソ戦略として日本を利用したかったのでしょうが、ドイツに進駐してきたソ連軍のやり方を見て、その暴虐性と威力に驚いた可能性があります。

ですから、ルーズベルト体制のときにつくった日本分割統治案、つまり東北までをソ連、東京を含む中央をアメリカ、それにイギリスやフランス、中国まで加えた分割占領計画を完全に無視して、アメリカ一国で日本をすべて占領することにしました。原子爆弾の開発にいち早く成功したことで、ソ連に頼らなくても日本を占領できる確信を得たのが大きかったと思います。

それに対してソ連は反応し、ポツダム宣言受諾の直前に対日参戦し、八月十五日の受諾後も、日本に対して激しい攻撃を継続して北方領土などを占領しました。その結果、北朝鮮と中国をソ連が確保し、韓国、日本、台湾はアメリカが何とか押さえました。これらはすべて、トルーマンという邪魔者によって計画に多少の狂いが生じたものの（この「狂い」が戦後の日本には本当に幸いでした）、基本的にはルーズベルトとスターリンが描いた筋書きどおりとなっています。

スターリンがいかに残酷で酷い人間かということは、調べれば調べるほど明らかになるわけですが、そんな男をルーズベルトはなぜか敵だとはまったく思わず、それどころか同志のように信頼し、世界の二分割支配案を本当に実行したのです。

一方、先に述べたとおり、そこではじき出されたのがチャーチルです。かわいそうですが、そのせいで戦後のイギリスは本当に小さな単なる島国になってしまい、苦労しました。

第二次世界大戦まで世界の大国といえばアメリカ、イギリス、そしてソ連です。世界中に植民地を持つイギリスの影響力はまだ強くて、アメリカは第一次世界大戦以降に急成長しましたが、今ほどの超大国ではありませんでした。しかし第二次世界戦争が終わってしばらく経つと、実はあの戦争はイギリスの一人負けだったことがわかります。大東亜戦争で日本が白人国家を相手に堂々と戦う姿を見たことで、東南アジアやインド、中東、アフリカなどの各地域で独立の機運が高まり、イギリスは次々に植民地を失ったからです。日本を逆恨みしているイギリス人は、意外に多いと思いますよ。

先日、歴史に詳しいある人に面白い話を聞きました。一九四三年、テヘラン会談でルーズベルトとチャーチル、それにスターリンが集まって、ドイツ攻略のための作戦時期などを話し合ったのですが、その際にスターリンが、「ドイツを占領した暁《あかつき》にはナチの連中を五〇〇〇〇人処刑しよう」と言ったそうです。

チャーチルはそれを聞いて、「そのような破廉恥《はれんち》な行為で、私と、私の国の名誉を汚すことはできない！　この場で庭に引き出されて射殺されたほうがましだ」と憤慨します。

するとルーズベルトは、「じゃあ、四九〇〇〇人で手を打てば？」と言ったそうです。すると陸軍准将としてその会議にいたルーズベルトの息子（エリオット）が、「五〇〇〇〇名どころか、何十万のナチを皆殺しにすべし！」と言って杯をあげたそうです。チャーチルはびっくりしていたのですが、エリオットはさらに、「合衆国は諸手を挙げて賛同すると信じる!」とまで言ったので、喜んだスターリンがそんなルーズベルトの息子を抱きしめて、「ドイツ人の死を祝福しよう」と言ったとか。

この話はどこまで事実なのか知りませんが、そのくらいスターリンとルーズベルト一家は仲が良かったのは事実です。だから二人は、イギリス抜きで世界を二分割統治しようと考えて、現実に、先に述べたような信じ難い裏取引を実行したのです。

戦前から日本本土爆撃と占領計画を立案

日本を戦争に誘い込もうとするルーズベルトの謀略が、日本の真珠湾攻撃のはるか以前から計画されていたことが、徐々に明らかになってきています。

評論家の加瀬英明さんとニューヨーク・タイムズ元東京支局長のヘンリー・S・ストークスさんの対談をまとめた『なぜアメリカは、対日戦争を仕掛けたのか』(祥伝社新書)には、昭和十五年(一九四〇)九月二十七日、日独伊三国同盟条約が調印されたことを聞いたルーズベルト大統領が、側近に向かって「これで、日本をわれわれとの戦争に誘い込める」と語った、とあります。

また同年十月七日には、アメリカ海軍情報部極東課長のアーサー・マッコラムによって作成された、対日戦略に関する提案書が提出され、ルーズベルト大統領はただちに承認していますが、この提案書には、中国の蔣介石政権に大量の支援を行うことや、米英が協力して各種資源の対日禁輸を実施し、またオランダ領インドネシアから日本へ石油を輸出させないなどの項目が書かれており、つまりは日本を対米戦争へと追い詰めるための謀略が書かれていたのです。

その後もルーズベルトによる謀略は続きます。昭和十六年（一九四一）二月三日、日本政府が交渉使節団を送って対米和平交渉を進めているまさにその最中、ルーズベルト大統領は国務省内において、戦争で日本を降伏させた後に、日本をどのように統治するかを研究するための特別チームを発足させています。

また、一九九一年十一月二十二日のアメリカABCテレビ『20／20』は、日米開戦の五カ月も前の昭和十六年（一九四一）七月二十一日に、ルーズベルト自身が署名した「対日爆撃計画書」の存在を報道しました。ここでは、当時のパイロットや大統領補佐官などの証言によって、ルーズベルト米大統領は、中国本土から日本への長距離爆撃計画を承認していた事実が伝えられました。

この計画は「ＪＢ３５５」と名付けられ、大統領の署名の二日後の七月二十三日には、当時のスティムソン陸軍長官や海軍長官なども同計画に署名しており、また、ビルマから中国への物資補給路を援護するため中国に雇われた米国人パイロット・グループ「フライング・タイガース」を率いるクレア・リー・シェンノート将軍が、このＪＢ３５５計画にも絡んでいました。

注目すべきは、ルーズベルトが日本への石油禁輸を決めた時期と、この対日爆撃計画承認がほぼ同時期であったことであり、当時の大統領補佐官の証言もまた、ルーズベルト大統領が強い意思をもって日本を戦争へと追い込んだことを明らかにしています。

経済政策としての戦争

ではなぜルーズベルトは、そこまでして戦争を欲したのでしょうか。

戦後のアメリカしか見ていない日本人にはなかなか想像もつかないことですが、大東亜戦争が始まる前のアメリカというのは、一九二九年の大恐慌のあとも、ずっと経済が停滞したままでした。ルーズベルトは大統領として、ニューディール政策というものを導入するのですが、これは極めて社会主義的な政策でもありました。

このような経済停滞期の一番の特効薬は何かというと、やはり石油や鉱物資源、食糧など様々な物資を大量に消費してくれる戦争なのです。ウォー・エコノミー、つまり戦争経済にしてしまえば一気に国が潤うわけです。スターリンと二人で世界を二分割統治するため、どうしても第二次世界大戦に参戦したかったルーズベルトは、同時に、経済政策としての側面を持つ戦争を心の底から欲したのです。

しかし、当時のアメリカは「モンロー主義」を源流とする国際的な「孤立主義」を採用しており、アメリカ国民の大半は、欧州で行われていた第二次世界大戦への参戦を欲していませんでした。ルーズベルト大統領は、アメリカ史上唯一、四選もした大統領なのですが、さすがにそんなアメリカ世論に抗することができず、三期目のときには「攻撃を加えられた場合を除いて」、海外での戦争には参加しないという公約を掲げて当選しました。ですから、いかに彼自身が戦争をやりたくても、それは許されることではなかったのです。

そんなアメリカ国民の意識を一夜にして変えるために、ルーズベルトは様々な謀略を巡らせます。一番良いのは、敵に自分たちを攻撃させることです。そこでルーズベルトは最初、ドイツに対して様々な挑発的行動を取ります。たとえばイギリスに様々な武器を提供し、ドイツ潜水艦に対する攻撃さえしましたが、ヒトラーはそれにはまったく乗ってきませんでした。そこで日本に最初の一発目を撃たせることにしたのです。

もちろんルーズベルトには、日本人に対する人種差別的な思想もありました。日本人の頭蓋骨は「われわれのものより約二千年も発達が遅れている」などということを平気で言ってのける人物でしたから。そして日本は、そんな悪辣《あくらつ》なルーズベルトの策略にまんまと乗せられてしまったわけです。

日本が戦争を始めてくれた結果、あれだけ戦争参加に否定的だったアメリカ人は、一夜にして一気に奮い立ち、対日戦のみならず、ヨーロッパ戦線にまで戦争を一気に拡大させることになりました。

こうしてルーズベルト自身が、日本という道具を使って、アメリカ合衆国という「眠れる獅子《しし》」を無理やり目覚めさせたわけです。このことは、アメリカの経済を劇的に回復させたばかりか、結果的にアメリカを世界の「超大国」の地位にまで一気に押し上げることになりました。

一九三八年から四〇年までルーズベルト政権での商務長官を務め、戦争中は大統

領外交顧問となったハリー・ホプキンスは、

「この戦争が終わったときには、われわれは間違いなく世界で最も豊かな、最も強力な国民となっているだろう」

と言いましたが、まさにそのとおりになったわけです。ルーズベルトによる完全な「アメリカ一人勝ち」戦略を、日本がお膳立てしたということになります。

日本の「一撃」を待ちつづけていたアメリカ

しかし、このようなルーズベルトの思いとともに立案された様々な計画は「極秘裏」に進められました。実際、そんな意図を漏らさないためのルーズベルト政権の動きは徹底していました。

日本政府は、昭和十六年（一九四一）一月から真剣に対米和平交渉を行ってきましたが、交渉はまったく進展せず、十一月二十五日の段階でアメリカ政府内では、ついに、「ハル・ノート」の内容が正式にまとめられました。日本の譲歩案をアメリカがすべて蹴ることで日本に開戦を決意させた、あの有名な文書です。

この日、日本海軍機動部隊が真珠湾に向けて出発しましたが、ワシントンからは同時に、アメリカと同盟国のすべての艦船に対して、「北太平洋におけるいっさいの航行を禁じる」という指示が出ています。もちろん、これはルーズベルト自身が、ハル・ノートは事実上の宣戦布告であるということを理解しており、また暗号解読や日本国内外に巡らせたスパイ網によって、日本海軍の動きをかなり正確に察知していたからできたことなのでしょう。

この十一月二十五日の会議に参加していたスティムソン陸軍長官は、自らの日記の中で以下のように書いています。

「大統領は、『日本人は元来、警告せずに奇襲をやることで悪名高いから、米国はおそらく次の月曜日（十二月一日）ごろに攻撃される可能性がある』と指摘して、いかにこれに対処すべきかを問題にした。当面の問題は、われわれがあまり大きな危険にさらされることなしに、いかにして日本側に最初の攻撃の火蓋を切らせるような立場に彼らを追い込むか、ということであった。これは難しい命題であった」

これだけを見ても、ルーズベルトは日本からの攻撃があることを十分に理解し、それどころか、この頃には完全に、日本に最初の一発目を撃たせることに腐心していた様子がわかります。

ハル・ノートは、アメリカからの事実上の宣戦布告でした。その内容を読んだ東《とう》

郷茂徳《ごうしげのり》外務大臣は、目もくらむばかりの失望感に打ちのめされ、

「長年にわたる日本の犠牲を無視し、極東における大国たる地位を捨てよと言うのである。しかし、これは日本の自殺に等しい」

という感想を漏らしています。また、アメリカのスティムソン陸軍長官もこのハル・ノートを見て、

「提案の内容は非常に激烈なものであるから、私には、日本がそれを受諾する機会はほとんどないと思われた」

という感想を漏らしています。

十一月二十六日にハル・ノートを日本側に手交したハル国務長官は、二十七日の朝、スティムソン陸軍長官に対し、

「私はこの件（日米交渉）から手を引いた。あとはあなたとノックス海軍長官の出番だ」

などと伝えています。つまり外交交渉は終わったのだから、あとは軍の出番だぞということです。

こんなハル・ノートの草案をつくったのは、財務次官ハリー・デクスター・ホワイトですが、この男は後にソ連のスパイであったことが明らかになっています。そ

んな男の草案をなぜルーズベルトが採用したのかということが以前からわかりませんでしたが、もともと、スターリンとのあいだで世界を二分割して統治する計画があったことを知り、すべての疑問が氷解しました。

ルーズベルト大統領の娘婿であったドール大佐は、後にこう言っています。

ホワイトハウスで一九四一年十一月二十五日に開かれた運命的な会議の記録を読み返してみて、私の以前の岳父、ルーズベルト大統領および彼の側近たちの戦略は、平和を維持し保障することではなく、事件を組み立て、あるいは引き起こさせて、アメリカを日本との戦争に巻き込むという陰謀にもっぱら関わっていたと、私は悟ったのです。それを知って私の心は張り裂けんばかりでした。これは「裏口」からヨーロッパの戦争に入ることを可能にする計略でした。

アメリカ国民は日本との戦争を欲していなかったことを彼は十分に知っていて、それゆえにこそ、いかなるコストを払っても戦争をアメリカ国民の頭上に押し付けなければならなかった。かくて欺瞞《ぎまん》に満ちた諸々のことが舞台に入り込み、アメリカ国民の激しい怒り、感情的爆発を起こす「事件」を創作することが必要になったのです。そこでこの怪しげなマントが、巧妙に日本人の肩に掛けられなければならなかった。

（カーチス・B・ドール著、馬野周二訳『操られたルーズベルト』六五〜六六ページ、プレジデント社）

ところで、日本海軍が真珠湾に向けて出撃をしたのは、ハル・ノートが渡される一日前であり、そのことをもって「日本は最初から騙し討ちを計画していた」とする意見がありますが、これは誤りです。国家というのは、外交および軍事においてはあらゆる手段を準備するものです。

つまり、対米交渉がダメになってから初めて軍を動かすのでは、敵に大きな後れを取ることになり、国家としては二流です。しかも日本から真珠湾までは非常に距離がありますから、早めに手を打っておく必要がありました。もちろん、対米交渉がうまくいけば、途中で機動部隊に秘密暗号を用いて連絡し、いつでも引き返させればよいだけなのですから。

ただ、ここまでは良かったのに、ワシントンの日本大使館が宣戦布告の手交に後れを取ったということで、日本は騙し討ちの汚名を着せられることになってしまったわけです。

日本の視点から考える

最近、大東亜戦争を日本が開始するまでの経緯を、日本側の立場からも少しずつ勉強しているのですが、ここでもいろいろと考えさせられました。

ルーズベルトの謀略をまったく知らなかった日本政府は、対米和平交渉を昭和十六年（一九四一）一月から始めています。

昭和十二年（一九三七）から始まった中国戦線で泥沼にはまった日本は、蔣介石が率いる中国（中華民国）の正規軍である国民党軍の背後に、アメリカやイギリスがいることを知っていました。これら欧米諸国は、中国における利権の確保およびその拡大を狙い、国民党軍に対して大量の武器弾薬と財政支援を行っていたのです。実際、アメリカ陸軍航空隊からは、昭和十五年（一九四〇）の段階で、密かにアメリカ人戦闘機パイロットを送り込み、中国空軍を後方で支援していました。

意外だったのは、一九三〇年代までは、あのドイツも日本軍と戦う国民党軍に対し、武器や戦術指導の提供を行っているのです。当時の中国兵の写真を見ると、多くがあのナチスが被っていた独特の形のヘルメットを装備しているのが見えます。

最初、ナチスのヘルメットに似ているなあと思って見ていたのですが、それも当たり前、ナチスからそのまま供給されたものだったのです。

国民党軍がドイツから得ていたのは、物資や技術支援だけではありません。一九三二年の第一次上海事変では、ドイツ軍の軍事顧問に指導された国民党軍が日本軍と交戦していますし、満洲に近い万里の長城付近の戦いでは、なんとドイツ陸軍の中将が直接、日本軍との戦闘を指揮しています。一九三三年以降は、ドイツ軍の元総参謀長が蔣介石の軍事顧問に就任しています。

ドイツもまた、中国における地下資源や市場を狙っていたわけですが、ドイツ製の装備と戦闘指揮を受けた国民党軍に、日本軍はかなり苦戦します。丸谷元人氏がかつて取材した日本軍歩兵連隊の元曹長は、上海上陸戦からニューギニア戦までをつねに最前線で戦い抜き、生き残ることができた歴戦の強者《つわもの》だったそうですが、「十年以上の兵士としての生活の中で最も激しかった戦闘は」という問いに対し、この上海での戦いを挙げたそうです。

上海における要塞や掩蔽壕《えんぺいごう》（装備や物資、人員などを敵の攻撃から守るための施設）などは、すべてドイツ軍が設計したために非常に強固かつ巧妙であり、またドイツ製の高性能機関銃などを装備していた国民党軍の火力は相当に強力だったそうで、兵隊がバタバタやられていったといいます。それに対して日本軍は、一発必中の単発式小銃を使い、最後には日本刀と銃剣による斬り込みで対応し、国民党軍を蹴散らしたそうですが、同じ上海で戦った別の兵士は、「上海で初めて近代戦の凄まじさを経験した」と語っていたそうです。

もちろん、ドイツによる中国軍支援は、日本とドイツが「日独防共協定」を結んだことで一気に先細りとなったようですが、つまり国際政治における国家というのは、国益のためなら何でもするという良い例です。また、モノづくりが得意で、細部にまでこだわるという共通点を持つドイツ人と日本人は、戦争をさせるといずれも強すぎる軍隊になってしまう事実がよくわかります。

さて、話をアメリカに戻しましょう。日本は中国大陸で泥沼の戦いを続けていましたが、その背後にはドイツ、そして後にはアメリカやイギリス、ソ連がいました。つまり日本は、好むと好まざるとにかかわらず、大東亜戦争のはるか以前から、米英に加えてソ連までもが黒幕に控えた代理戦争を戦わされていたのです。

この、米英ソの物資輸送ルートは有名な「援蔣ルート」と呼ばれており、支援する国によっていくつかルートがありましたが、とくに日本が苦しんだのは、現在のベトナムに陸揚げされたものを今の中越国境から運び入れる「仏印ルート」と、先に少し述べた、イギリスの植民地であったビルマから山岳地帯を通じて中国南部に入る「ビルマ・ルート」でした。

日本にしてみれば、これらの第三国からの物資輸送さえ止めてしまえば、蔣介石軍との戦争は終結できるとわかっていたので、ベトナムについては、日本は昭和十五年（一九四〇）に軍を進駐させ、そのルートを制圧してしまいました（仏印進駐）。

ちなみにこの仏印進駐について、日本政府はドイツに敗れたフランスで新たにできたヴィシー政権の公的な了解を得ています。つまり日本軍の仏印進駐は国際法を順守したうえでの合法的な作戦行動なのです。これも、ほとんどのアメリカ人が知らないことですし、おそらく、日本人も知らないでしょう。

この日本軍の合法的な行動に対して、アメリカは文句をつけました。ちなみにアメリカはこの時点ですでに「ビルマ・ルート」の上空支援任務のため、中国空軍に多くのアメリカ人パイロットと整備士、そして一〇〇機もの戦闘機を密かに送っていました。次に日本が潰しにくるのは、自分たちが蔣介石支援のために使っていた「ビルマ・ルート」だとわかっていたからです。

この「フライング・タイガース」の行動は戦時国際法上、完全に第三国の中立義務に違反しています。武器などの物資の支援は許されますが、紛争当事国ではない第三国が援軍を送り込んではいけないのです。だからアメリカは軍に所属するパイロットと整備士を記録上は一度退役させ、ボランティアの義勇兵（傭兵）として中国軍に協力したことにする偽装工作を行っています。

ついでに細かい話を説明すると、この段階では「日華事変」もしくは「支那事変」であり、「日中戦争」と呼ぶのは間違いです。国同士が宣戦布告を行い、国際法で認められた「戦争」を始めると、第三国からの物資提供も国際法違反になるのです。日本はアメリカから石油や屑鉄などを輸入していましたし、中国は「援蔣ルート」をフル活用していたわけですから、日中双方がお互いに宣戦布告を行わず、わざと「事変」にとどめていたのです。

歴史用語の安易な置き換えは、歴史的な事実を歪《ゆが》め、バックグラウンドや真実がわからなくなる原因になるので、十分注意すべきです。逆に、歴史用語が置き換えられていた場合、その理由を探ってみると、置き換えた人たちの真意が読み取れるかもしれません。

また脱線してしまいましたね。ルーズベルトにしてみれば、日本が徐々に自分の仕掛けた罠にハマっていく姿を見て、ほくそ笑んでいたことでしょう。アメリカは日本軍の仏印進駐を機に、日本に対する屑鉄の輸出を禁止するなど、次々に対日経済制裁を強めていきます。

ここで日本は、あわてて対米和平交渉を開始します。国際法上合法的に行った仏印進駐を、アメリカに責められるとは想定してなかったのです。時の総理大臣であった近衛文麿《このえふみまろ》は、野村吉三郎大使や来栖《くるす》三郎大使を送り、真剣に和平交渉を行います。この両者は二人とも「大使」なのですが、つまり日本は、普通ならあり得ない「大使二人制」という体制で対米和平交渉に挑んだのです。

近衛首相は一九三四年にアメリカを訪問した際に、大統領の一期目の任期にあったルーズベルトとハル国務長官に面会した経験がありましたが、その際にこの二人が極東アジア問題に関して、ほとんど何の知識も持ち合わせていないことをよく知っていました。ですから、ルーズベルトと旧知の仲でもあった野村大使や、アメリカ人の妻を持つ来栖大使を送ったのです。そのくらい、日本はアメリカの無理解に気を遣っていたのですね。

しかし、アメリカはなかなか良い返事をしません。それどころか、日本の努力にもかかわらず、徹底して対日経済封鎖をどんどんと強化している。詰まるところが対日石油禁輸措置です。日本はエネルギー資源がないから、それをやられてしまえば、もう「死ね」と言われているのと同じだったわけです。

ここからはもう、開戦まで一直線です。昭和天皇は何とか戦争を避けようとし（このとき、日本はまだ「戦争」をしていません）、日本政府も同じように努力をしていましたが、ルーズベルトからすれば、日本の案を受け入れる気などさらさらなく、ひたすら日本を挑発して戦争を起こさせようとしていたのです。ルーズベルトには、スターリンと一緒に世界を二分割して統治するという約束があり、また大恐慌以来の停滞した経済を立て直して世界的な覇権を握るためにも、何とかしてアメリカを第二次世界大戦に参戦させなければならなかったのです。つまり、いくら日本が譲歩を見せたところで「ムダ」だったというわけです。

私はこれまで、この日米和平交渉の詳細をほとんど知りませんでしたが、ルーズベルトという人間を勉強し、日本が戦争に向かう過程を勉強してから、やはり日本はルーズベルトによって戦争に追い込まれたのだということを確信するようになりました。いや、日本だけではありません。アメリカもまた、彼によって戦争に引きずり込まれたといえるでしょう。

真珠湾が攻撃目標であることはわかりきっていた

真珠湾攻撃をアメリカがまったく予期していなかったというのが、今でも日米における基本的な「定説」になっていますが、これを額面どおりに受け取る人は勉強不足です。いくつもの事実が、この「定説」を疑わせるに十分な証拠を提示しているからです。

たとえば、日本がハル・ノートを受け取った翌日の昭和十六年（一九四一）十一月二十七日には、ハワイの海軍基地司令官キンメルが、ワシントンから「戦争の脅威が逼迫《ひっぱく》している」という至急電を受け取っています。そこでキンメルは早速ハルゼー提督に対し、空母「エンタープライズ」などからなる艦隊を出港させ、アメリカ海兵隊ＶＭＦ－２１１飛行隊のポール・パトナム少佐指揮下の戦闘機を、ウェーキ島に派遣し、防備を固めるように命じました。

このときハルゼーは、「これら海兵隊機はまさにライオンの口の中に飛び込むようなものだ」と感じており、ウェーキ島に行く途中に日本軍と遭遇したらどうすべきかと問うたところ、キンメルは「常識でわかるだろう」と返したと言います。つまり、敵を見たらやっつけろということですね（http://www.commandposts.com/2011/11/november-28-1941-enterprise-leaves-pearl-harbor/）。

また、この際に輸送される戦闘機隊を率いたパトナム少佐が、太平洋上の空母艦内で書いた十二月三日付の手紙には、同艦隊の行動が最高レベルの機密扱いにあり、また連日、かなりの遠距離まで同戦闘機隊が偵察哨戒飛行を行っていることを記したうえで、

「それら（著者注：少佐の指揮する戦闘機部隊）は完全武装しており、日本軍の艦船や航空機を発見したら、我の部隊の発見を知らしめないために、それらを攻撃せよという命令となっています」

と書いていいます（アメリカ海兵隊司令部広報部歴史課R・D・ヘインル・ジュニア准将著“Defense of Wake”P9）。

つまり、アメリカは前線部隊の将校に至るまで、ハワイに近いこの海域において日本海軍が出現し、交戦状態となる可能性が高いことを十分に知っていたわけです。

それどころか、当時の駐日アメリカ大使のグルーは、開戦の約一年前、昭和十六年（一九四一）一月二十七日の段階でアメリカ国務省に対し、駐日ペルー大使や

（酔っぱらった）日本人情報源からの情報として、もし日米関係が「トラブル」に陥った際には、日本軍が真珠湾に対して大規模な奇襲を仕掛けるという計画がある、ということを公電で報告さえしているのです（J. Robert Moskin, "American Statecraft: The Story of the U.S. Foreign Service" P403）。

これは、山本《やまもと》五十六《いそろく》が真珠湾攻撃を決断した直後の話であり、いかに日本海軍の情報が暗号以外でも漏れていたのかということがわかる、かなり情けない逸話ですが、このグルー大使は開戦直前の十一月の段階でも、日本が真珠湾に対して軍事攻撃を行うであろうことをワシントンに報告しています。

日本の情報がダダ漏れ状態であった理由の一つは、日本の暗号の多くが解読されていたからです。たとえば日本の外務省の暗号は、真珠湾攻撃の前に完全に解読されていたという事実は、もう今では周知のことです。

しかし日本側は、そのことにはほとんど気づいていませんでした。その証拠に、ハワイの日本領事館にいた喜《き》多《た》長《なが》雄《お》総領事は、真珠湾内の艦船の動向を日本に向けて、開戦直前の段階でも発信しつづけていましたが、それらはほとんどワシントンの暗号解析チームによって解読されていたこともわかっています（John Hohenberg, "Foreign Correspondence: The Great Reporters and Their Times"P211）。

一方、日本海軍の暗号については、昭和十七年（一九四二）のミッドウェー海戦の頃まで破られなかったというのが「定説」ですが、日本海軍の暗号の一部は戦前にはアメリカの手中に落ち、すでに破られていただろうと私は考えています。私は「全部の海軍暗号」が破られていたとは言いません。しかし少なくとも、戦前に「複数の海軍暗号」がアメリカとイギリスによって解読されていたことは明らかになっています。

一九二三年の段階で、日本の海軍武官の持っていた暗号書をアメリカ海軍が密かに入手。アメリカ海軍情報部の暗号分析官として有名なアグネス・マイヤー・ドリスコール夫人によって一部が解読されています。この海軍暗号は「レッド」と呼ばれていますが、後に解読された日本外務省の暗号も同じく「レッド」と呼ばれており、混乱しやすいので注意が必要です。

また、JN－39という日本の商船専用の暗号は、昭和十五年（一九四〇）五月の段階で解読されていますし、その他の一部の海軍暗号も、戦前からシンガポールにあったイギリス軍によっても解読されており、とくにイギリスの解読した暗号が日本海軍の開戦準備行動の兆候を捉えたともいわれています（Michael Smith,"The

Emperor's Codes: Bletchley Park and the breaking of Japan's secret ciphers"P93)。

日本海軍の暗号の中でも最も難しかったものの一つは、JN-25というものであり、これがミッドウェー海戦の頃までまったく解読されなかったといわれています。これは確かに、真珠湾の前の段階では一〇パーセントほどしか解読されていなかったようです。一方でJN-25は、真珠湾前にはほとんど使われておらず、日米開戦後になってようやく大量に使われるようになったものだという話もあります。

これらの事実から見ても、「日本海軍の暗号がまったく解読されていなかった」という文章は間違いだとわかります。アメリカやイギリスは必死になって海軍暗号の解読を試みていたし、一部ではかなりの成果を挙げていたわけです。

また、日本の機動部隊が成功裏に行ったという「完全無線封鎖」の話ですが、実際に、真珠湾攻撃に参加した空母「赤城」の長谷川喜一艦長の日誌（十二月六日付）には、

「一七〇〇作戦緊急信にて通信部隊発信　ハワイの北方八〇〇浬《かいり》に敵潜一隻、他の一隻と通信しつゝあり。吾連合方位測定中との情報あり。吾等の航行付近なれは一寸緊張させられる」

と書かれているのです。これは間違いなく、ハワイの北方八〇〇カイリに敵潜水

艦がいたことを把握した機動部隊の前哨部隊が、「無線」を発した話をしているわけです。しかも、アメリカの潜水艦もまた、機動部隊の位置を把握しようとしていることがうかがえます。

ハワイへの攻撃を予期し、あるいは感づいていたのは、何もワシントンやアメリカ軍だけではありません。実は開戦の一週間以上前の十一月三十日、地元ハワイの複数の新聞は、「来栖が憮然《ぶぜん》として警告――我が国は戦争の準備ができている」「今週末、日本がハワイを攻撃する可能性」などと報じており、かなりの情報がワシントン以外にも漏れはじめていたことがわかっています。

私が指摘したいのは、アメリカによる日本海軍の暗号解読状況や、日本機動部隊の完全無線封鎖の詳細ではなく、日本を散々挑発し、またこれだけ事前の兆候が多くあったにもかかわらず、アメリカが本当に日本の攻撃をまったく予測していなかったわけがないということなのです。

もし本当に何も知らなかったとすれば、我が祖国は相当に無能な国家ということになりますが、もちろん、そんなことはありません。すべてを仕掛けたのはルーズベルト本人だったからです。

前述のとおり、ルーズベルト大統領はアメリカ国民に「攻撃を加えられた場合を除いて」、外地での戦争に息子たちを送りはしないと、アメリカ国民に対して繰り返し訴えていました。その一方で彼は、イギリスのチャーチル首相に対し、アメリカを戦争に参戦させる約束を交わしています。それどころかルーズベルトは、「私は決して宣戦はしない。私は戦争をつくるのだ」とさえ語っており、真珠湾の前日に行った家族との食事の席上では、「明日、戦争が起こる」とまで述べているのです。これだけの証拠や証言がありながら、しかも情報公開によって証拠は今後も強化されるというのに、従来の「定説」を必死に擁護し、「陰謀論者」や「歴史修正主義者」などのレッテルを貼るワンパターンな方法で、真実の隠ぺいに必死な人たちを見かけると、「天動説」を支持した中世のキリスト教徒を見ているようで、もはや憐《あわれ》みさえ覚えてしまいます。

東京裁判と靖国神社について私が学び、考え直したこと

東京裁判については、私ももっと勉強したいと思っていますが、結論から言うと、いわゆる「A級戦犯」に関しては、戦争を始めた時点で存在しなかった「平和

に対する罪」で裁いた点が問題です。法律的に見ても、近代法の基本である罪刑法定主義と事後法の禁止に反するため、正当な裁判とは言えません。これを完全に正当かつ有効な裁判だったと強弁するのは、法律家を名乗る人間であれば、論理的にも倫理的にも不可能なはずです。

このような裁判は、東京裁判の以前にも以後にも事例がありません。ドイツを裁いたニュルンベルク裁判のときは、人道上の罪だけであり、平和に対する罪などありませんでした。日本の政治家や軍関係者は人道上の罪を犯しておらず、そのままでは裁くことができないため、平和に対する罪を後で無理やりつくったというのが有力説です。えっ、ご存じありませんでしたか？　きっとプレス・コード「②極東国際軍事裁判批判」に抵触するからでしょうね。

また、これは上智大学名誉教授（当時）の渡部昇一先生が指摘されているそうですが、日本はサンフランシスコ条約にあたっては、東京裁判の「諸判決」を受け入れたが、東京裁判そのものを受け入れたわけではないということです。日本のA級戦犯として、最も名前が知られている東條英機氏も、遺言で同様のことを述べています。

それが、今の皇太子妃雅子様のお父様で外務官僚であった小和田恆《ひさし》氏が、国会で東京裁判「そのもの」を受け入れると言ったため、それが今日の国際常識になってしまったようです。国際的な舞台における言葉は非常に大切なのですが、有能な外務官僚であったはずの小和田氏がなぜそうした軽率かつ不見識な発言をしたのか、不思議でなりません。

靖国神社もまた、外国人の理解をまだ広く得られてはいません。私自身もつい最近まで、「靖国神社は、なぜそこまで頑張って戦犯とされた人の御霊《みたま》を入れる必要があるのかな」と思っていたくらいです。単純に分祀《ぶんし》をしてしまえばよいのではないかと。実際、中曽根康弘元首相をはじめとする政界の一部からも、「A級戦犯を分祀せよ」という声がありました。私も当初は、「それでいいのでは」と軽く考えていたのです。

しかし、いろいろな人に話を聞いて、完全に切り離す分祀というのは、神道の原理上、できないことなのだと知りました。つまり、分祀とはロウソクの火を別のロウソクに移すようなもので、御霊が逆に増えてしまうそうです。たとえば、伊勢神宮の神様を分祀しようとなると、お伊勢様には引きつづき神様がおられるが、新しい神社にも同じ神様がいらっしゃることになるのだと教わりました。つまり、一つの神社から別の神社に引っ越しすることはできないのです。

「では、A級戦犯とされた方々を、改めて違う神社で祀《まつ》るというのはありえないんですか」と尋ねたのですが、これもまた同じことで、すでに靖国神社に祀られているため、両方にその御霊が存在することになるだけと。つまり、いったん靖国神社に祀られた御霊を取り除くことはできないそうです。これは完全に宗教上の問題であり、政治家はもちろん、仮に現在の日本国民全員の総意だったとしても、立ち入ることができない、立ち入ってはいけない領域の話です。外国人にはなおさらです。

ところで、靖国神社にはB級とC級戦犯として亡くなられた方々も祀られていますが、それらは問題にはなっていません。日本人のなかには、そもそも「A級」「B級」などという括《くく》り自体、アメリカをはじめとした連合国が勝手に、法律の原則に則《のっと》らない違法な裁判を開いて決めたことであって、日本人が決めたものではないという意見も根強いことを知りました。

加えて、現代の日本語で「A級戦犯」というと、「B級グルメ」と同じようにランクづけの意味合いが含まれますが、英語の“War Crimes Class A”を、より正しいニュアンスで伝えるならば「戦争犯罪A組」とでも訳すべきで、単なるカテゴリー分けにすぎません。「A級戦犯の罪が一番重くて、それにB級、C級の順番で続く」と考えるのは、まったくの勘違いなのです。

たとえば東條英機氏であれ、他の戦犯の方であれ、これまで悪いとされてきた人たちも、いろいろ考え方はありますが、もとはといえば、法律とシステムに従って、自分の職位における仕事をやっただけの人たちであり、結果的に負けたから悪者になっているだけです。

もう一つ、ここに日本的な精神世界の話が出てきます。つまり、日本という国においては、かりにどんなに大罪人であろうが、死んでしまったら罪、ケガレはなくなってしまい、その魂は平等だという、非常に懐の深い考え方があります。まあ、靖国神社にしても、たとえば、結果的に天皇に歯向かうことになった西郷隆盛などは祀られていないという問題もありますが、しかし靖国神社は日本政府の命令で戦死した人たちの御霊を祀るためのものです。だから内実はどうあれ、日本政府に弓を引いた形になった西郷さんを祀るわけにはいかないのでしょう。

だからといって、日本人のあいだで西郷さんが「悪人扱い」されているわけではないですよね。それどころか、日本人の多くは西郷さんが大好きです。靖国神社を訪れる人たちでも、西郷さんを逆賊と呼び、敵意を見せることはないでしょう。そういうところが、日本は懐が深い。

判官贔屓《ほうがんびいき》というか、日本人には昔から、負けた人、滅びた側に共感や同情を寄せるというところがあります。幕府をつくった源頼朝より、弟の義経のほうが人気があるとか。

でもA級戦犯に関しては、いまだに「悪者」という印象が残されている。この日本人らしくない感覚は、やはり外来のものだと思います。つまり、これも元をただせば、GHQの発想です。プレス・コード第22項は「戦争犯罪人の正当化および擁護」なのです。それに加えて、恨みある敵の死体を墓から掘り起こして鞭打つことが「美談」になってしまう中国や韓国の意向が、そこに上乗せされてしまった。

つまり、靖国問題はいまや、外国の考え方を受け入れるかどうか、死者に鞭打つ中韓の精神性に日本古来の心が屈してしまうのかどうかという、瀬戸際《せとぎわ》にあるとも言えるでしょう。そして、誰を祀るかどうかというのもまた、靖国神社という一宗教法人の判断の問題です。他国がとやかく干渉するものではありません。これは日本に対する内政干渉であるのと同時に、信教の自由に対する重大な侵害なのです。

安倍晋三首相が靖国神社を参拝したとき、アメリカ国務省が「失望した」という声明を出しました。「仲良くしてほしいときに、わざわざ相手を刺激することはないじゃないか」という意味でしょうが、影響や歴史を深く考えていない声明だと思います。単に韓国や中国を喜ばせ、挙げ句はつけあがらせるだけです。

戦後の国際情勢を予言していた東條英機の遺書

東條英機氏が首相に選ばれたのは、近衛内閣で八カ月も続いた対米和平交渉がまったく進展しなかったからです。でも、交渉がうまくいかないのは当然です。ルーズベルトには、そもそも和平交渉をやる気などさらさらなく、いかにして日本に一発目を撃たせるかということにしか興味がなかったわけですから。そういう意味で、日本はよくもまあ我慢したものです。

昭和十六年(一九四一)の九月になって、ついに近衛内閣は「これ以上はもう駄目だ、これは戦争になるしかない」と思ったわけですが、ではなぜそこで東條さんが首相に選ばれたかというと、昭和天皇ご自身が、対米和平交渉を何とか結実したかったからです。何とか戦争を避け、平和を成就させたかった。ルーズベルトの悪辣な意図などまったく知らないのです。

この頃の日本の動きを見ていると、もう一回、最後に本気で対米和平交渉を成立させようという心構えがあったことがわかります。

では、そんなときになぜ東條さんに白羽の矢が立ったのかというと、たしかに東條さんは、どこか「ガンホー（闘魂精神を表現するアメリカ海兵隊の掛け声）」的な、ある意味でバリバリの軍人だったのですが、一方で天皇陛下に対して非常に忠誠心の強い人だったのです。平和をお望みになる天皇陛下が、「戦争への道をやめなさい、和平のために頑張りなさい」とおっしゃったら、それはもう、何を措いても必死になってやる人だったわけです。

ところが、東條内閣になって提出された経済予測資料によると、もし対米和平交渉がダラダラと続いてしまった場合、昭和十七年（一九四二）四月までに、日本国内では一〇〇〇万人の失業者が出ることがわかったのです。石油をはじめとするほとんどの資源の輸入がアメリカやイギリス、オランダなどによって止められているわけですから。こうなったら国家のリーダーはもはや打つ手がありません。

つまり、東條さん以外の、軍人でもない別の人が総理大臣になっていたところで、もう日本は独立国家としては、実力行使で資源を取りにいく以外、何一つできなかったのだろうなと思います。しかも、東條さんをはじめとするA級戦犯の人々は、独裁専制的な政治手法で何らかの政策を違法に推進したことは一度もありませんでした。彼らはあくまでも、当時の日本の国内法に従って、開戦の手続きを行っています。つまり、法的な瑕疵《かし》はまったくないわけです。

東條さんの遺書というのも非常に興味深いですね。よく読んでみると、戦後の世界情勢を全部見事に言い当てています。その中でも東條さんは、アメリカの最大の間違いは日本と戦ったことだと論破している。このあと、世界には共産主義がどんどんはびこって大変なことになるだろうが、日本はずっとその防波堤になっていたのだ、と。その壁を壊したのはアメリカだぞと言っているんですね。

そして実際にマッカーサーが後に、「日本の戦争は安全保障のためだった」と認めました。つまり遅ればせながらアメリカは、東條さんたちを死刑に処した後の、米ソ冷戦の本格化や、朝鮮戦争の勃発を目の当たりにして、ようやく日本の立場を理解したわけです。

こういうことを考えると、東條さんという人は実に不運な人でもあったと思います。戦前はわずかな期間ですが、天皇陛下のご意向に従って和平のための努力をし、にもかかわらず開戦の決断を下すことになり、戦後も天皇陛下に忠誠を尽くし、陛下が戦争責任に問われないように尽くしていたともいわれています。

こうやって見てみると、本当に東條さんがそんなにワルだったのかということは、大きな疑問です。にもかかわらず、今日に至るまでA級戦犯として真っ先に名前が挙げられる。これは、もっと日本人自身が研究・検討してみる価値があると思います。あくまでもプレス・コード第22項「戦争犯罪人の正当化および擁護」の禁止を守りたいのであれば話は別ですが……。

戦後の政治のなかでは、アメリカなどの連合国からすれば東條さんはワルかもしれない。ただそれは、シンボルとしてのワルであって、天皇陛下のことをワルと言えないので、その代わりの軍部のたまたまトップにいた東條さんが悪いというだけの話なのでしょう。その結果、今でもアメリカをはじめとする欧米諸国では、「東條＝悪の権化《ごんげ》」となったままです。

たしかに当時、日本の軍部が威張っていたという事実はあります。しかし、軍の力が強いというのは、今のアメリカもロシアも中国もみんな同じです。当時の資料を調べると、関東軍は確かに暴走したと言えますが、東條さんをはじめとするリーダーたちは、すべて国会の承認を得て政治的手続きを行いました。当然、衆議院議長もいたわけで、決して独裁などではなかった。それを「東條さんはA級戦犯なのに靖国に祀られている。それを総理大臣が参拝するのはけしからん」とされてしまった。

実は多くの日本人が当時の状況や事実を理解していないし、靖国問題を頭の中でうまく消化できていない。A級戦犯と呼ばれる人たちは、すべて意図的につくられたワルなわけです。国内法はもちろんのこと、国際法もいっさい無視して独裁に走った挙げ句、ユダヤ人大虐殺という人道上の罪を犯したヒトラーやナチス・ドイツの戦犯と、日本の戦犯とは、似ても似つかないものです。

その事実を隠したのはＧＨＱでありＷＧＩＰですが、今の時代は何でも自分の力で調べられるはずです。ぜひ自分の力で、自分にかけられた洗脳を解いてください。

「靖国問題」の解決方法

靖国神社は、戦死者の御霊を祀るところです。しかも、日本政府の命令で戦地に赴《おもむ》いた人たちの御霊です。日本軍の将兵らは、「死ねば靖国で会おう」と言い合って死んだわけです。そんな政府に命じられて亡くなった人たちに対し、政府の代表が敬意を示すのは、当然すぎることでしょう。それを、アメリカやＰＲＣ（中華人民共和国）、韓国がとやかく言うこと自体、とてもおかしな話です。

たしかに、政治や法律の関係から、政教分離の原則を持ち出す人はいます。しかしその概念は、決して宗教を無視しろということではない。ただ、政治を特定の宗教に基づいて運営してはならないというだけの話です。

アメリカを見てください。新任の大統領は就任に際し、聖書に手を置いて宣誓します。それが大きな社会問題になることはありません。ドル紙幣やコインにさえ、「われら、神を信ずる者なり」と書かれていますが、イスラム教徒もユダヤ教徒も、そして無神論者でさえ、それを毎日使っています。

一方、政教分離原則が厳格なのはフランスです。「ライシテ」という、信仰の自由はもちろん認めるけれども、公共空間からはいっさいの宗教色を取り除くという考え方ですが、これはフランスの歴史における様々な葛藤の中で生まれてきた姿勢です。しかし最近では、この厳格な理念が、たとえばイスラム教徒の女性にブルカを被らせないなどの措置となって現れています。あるいは二〇一五年一月に発生した、雑誌社に対するテロ事件に繋がった社会背景とも言えます。

それでは、フランスがそうだからといって、日本の皆さんは、最近、日本にも増えてきた諸外国のイスラム教徒の女性たちに対し、それを脱げと迫ったりしますか？　街頭や公園で布教活動をしているモルモン教徒の若者たちは違法だと言って、裁判所に訴えたりしますか？　物事には何でも限度や、適当な「塩梅《あんばい》」があるというのは、日本人が最も是とする考え方のはずです。靖国神社参拝に強硬に反対する勢力には、なんだか無神論的な、共産主義っぽい極端さを感じます。

完全なる政教分離など、常識や伝統、習慣が根づいている成熟した人間社会にとっては、実現不可能なことでしょう。そもそも、亡くなった人の魂なり思いがあるものと想定し、物質的には見えないものに対して思いを馳せるという行為そのものが、すでに「宗教」なのです。見えない神を信じるというのも、同じですね。

時々、「科学的ではない」という言葉でこのような考えを否定する人がいますが、人間が観測できる宇宙のエネルギーは四パーセントにすぎず、残りの九六パーセントを占めるダークマターとダークエネルギーは、その正体すらほとんどわかっていません。また、ハーバード大学から終身在職権を与えられた理論物理学者、リサ・ランドール博士は、五次元の世界が存在すると主張しています。このような最新科学の研究を知っても、目に見えない世界は「科学的ではない」と言えますかね。

話を戻すと、アメリカがどうだ、フランスがどうだといって、日本はそれらにいちいち基準を合わせる必要などないのです。日本には独自の常識や感性があるわけですから、日本らしい政教分離の概念を貫けばいい。国会開会にあたり、靖国神社の神主さんが永田町に来て、祝詞《のりと》をあげて何かを宣言するわけでもないですし、総理大臣だって、仏教徒もいればクリスチャンだっているでしょう。

吉田茂さんは最後にはクリスチャンになりましたし、大平正芳《まさよし》さんや細川護熙《もりひろ》さん、麻生太郎さん、鳩山由紀夫さんらも、クリスチャンですよね。なかでも吉田さんや大平さん、麻生さんは、靖国神社にも参拝しているではありませんか。

もう一つ、日本の政治家でおかしいなと思うのは、靖国参拝に対して徹底的に反対しながら、アメリカに来て平気な顔をしてアーリントン墓地に参拝する人がいるということです。菅直人元首相もそうでした。靖国参拝は絶対にしないし、行ったこともないけれども、アーリントンには足を運ぶという人たちです。

日本政府の代表が、国家のために戦った人たちの魂を無視して、かつての敵国であった軍人だけに敬意を示す。これは、日本の戦没者にとっては裏切りでしかありませんよ。

極端な話、彼らがたとえば、戦争に参加した人たちのすべてに敬意を示さないとか、そういう一本筋の通った何かがあるならまだわかります。しかし、そういう信念があるわけでもない。はっきり言って、何も考えてないとしか思えない。日本人は、このような政治的態度の問題点にもっと気づいて、声を上げるべきだと思います。

アーリントン墓地に行くことを拒否するアメリカ大統領が、日本では靖国神社に参拝したとなれば、ほとんどのアメリカ人は怒り、黙っていませんよ。もしかしたら彼らは、アメリカのご機嫌を取っているつもりかもしれないけれども、アメリカ人としてはそんなことは別にどうでもいいし、何とも思っていません。

心ある政治家は、若い頃から靖国神社に毎週でも通えばいいんです。議員会館から靖国まで、たまにジョギングで往復したら、ちょうどいい距離で健康にもいいはずです。これをやることで政治家に必要な健康を維持し、同時に靖国問題も解決できてしまう。これこそ、一石二鳥だと思いますね。

「戦時捕虜」の取り扱い問題

もうひとつ、日本の悪として取り上げられる問題としては、戦時捕虜の取り扱いがあります。これは、ジャーナリストの丸谷元人さんが非常に詳しい本を書いておられるので、その本から得た知識を以下に書かせていただきます。

もちろん日本軍も、多くの連合軍捕虜に過酷な取り扱いをしたことに間違いはありませんし、シンガポールなどでも多くの敵性華僑を処刑しています。そして、日本人の看守に殴られたという元捕虜は多いです。しかし、日本軍は昔から鉄拳制裁を伝統にしていて、それが文化の違う欧米人兵士にも適用されたために、多くの誤解が生まれたという側面も強いようです。

一方、日本人は決められたルールは必ず守ろうとするので、捕虜に対する食糧などはできるだけ規則どおりに与えていたし、捕虜が飢えたとしたら、そのときは多くの日本人も同じように飢えていた、ということもあります。

では、連合国軍はどうかというと、これもまた、あまり褒められたものではなかったようです。とくに、日本人捕虜や戦犯に対しては、かなり酷いことをやっています。日本兵の頭蓋骨をお土産にするという風習はかつてアメリカのメディアも報じていた事実ですし、写真もたくさん残っています。初めてこの事実を知ったとき、戦時中の日本で頻繁に用いられた「鬼畜米英」という言葉もやむを得ないと思いました。さらに日本人の戦犯に対しては、アメリカのみならず、イギリスもオランダもオーストラリアも、性的なものを含むありとあらゆる虐待をやりました。

捕虜虐待は現代にまで続く問題です。イラク戦争でもイラク人男性らに対する凄まじい虐待で問題になった「アブグレイブ収容所」の一件をご存知だと思います。ああいった汚い仕事は、イラクあたりでは全部「コントラクター」という下請けにやらせるのですが、アメリカにはそういう業務を行う会社がたくさんあることも事実です。

これ一つをとっても、とても褒められたものではありませんが、要するに戦争というのは、ある意味でどっちもどっちなのです。さっきまでお互いに殺し合いをしていて、双方に死傷者が出た。戦闘は終わり、さっき目の前で仲間を撃ち殺した敵兵が、今、目の前に捕虜となって繋がれている。そのような状況下で、若い兵士が感情を完全にコントロールするのは難しいでしょう。勝ったほうはいつも臭いものに蓋をして、自らの正当性と英雄ぶりを描き、敵をこれ以上ないくらいに悪逆に描くというだけです。

しかし、捕虜や民間人の取り扱いの酷さについては、ソ連軍や中国軍、韓国軍にはかなわないでしょう。ヨーロッパ戦線におけるソ連軍は、五〇万から一〇〇万のドイツ人女性を強姦し、凄まじい略奪と殺戮を繰り返しました。満洲でも、多くの日本人婦女子がソ連兵に捕まって、凄惨な状況に陥りました。もう、この話を聞くだけで背筋が寒くなりますが、スターリンはソ連軍に対して、強姦と殺戮を奨励していたのであり、ここが日本や連合国軍とは大きく違うところです。

中国もまた人に偉そうに言える立場ではない。日本人戦犯や捕虜に対し、中国は見せしめ裁判で彼らを市中引き回しにしたうえで処刑したりしています。また、多くの元日本兵を共産主義者に洗脳して、戦後の日本社会に復帰させ、そこから様々な政治工作を行いました。ソ連もまったく同じようなことをしていますが、そういった手法は恐るべきものです。

アメリカ人は日本のことをあまりわかっていない

アメリカ人というのは、今でも日本のことをあまり理解していません。そもそも、日本は非常に神秘的な国なのです。地図を広げてみても、アメリカの南に南米があって、そこから東に行くとヨーロッパやアフリカがあり、その先にロシアや中東、インド、東南アジアがある。日本はそのはるか先なんです。

つまり、アメリカ人の感覚にある「世界」から最も遠いんですね。ほとんど地図から落ちているようなところにあるので「極東」と呼ぶわけですが、あのマルコ・ポーロにしても、シルクロードを通って中国までは辿り着いたけれど、その先に黄金の国・ジパングがあるんだと聞いてはいたものの、やはり辿り着いていない。つまり、伝説の国というか、神話に近い存在でありつづけたわけです。

そういう、よくわからない国が「軍国主義」なるものに走ってしまい、その勢いでアジア全部を取ろうとしているから、これはよくないことだ――という感覚はアメリカ人の中にも根づきやすかったのです。

戦時中、アメリカ人の多くは、軍国主義の日本の根源にあるのが「天皇崇拝だ」と考えていたので、だったら独裁者のような天皇を根っこからなくしておかないと問題は解決できないのだと考える人は多かった。しかし、そんな見方は、天皇そのものをまったく理解していないわけです。

たしかに明治天皇以降は、実権を握っているように見えますけれど、実はまったく握っていなくて、最初から国権の象徴であったわけです。

一方で、一部のアメリカ人は、そういった部分をしっかりと認識していたので、戦後、実際に日本という国に来てみて、天皇はやはり残すべきだということを理解したんですね。最終的にはトルーマン大統領が、廃位派と残す派のあいだに立ち、やはり天皇は残すべきだろうと判断したといわれています。ちなみに、もしルーズベルト大統領が終戦まで生きていたら、昭和天皇を処刑して、日本の皇室制度そのものをなくしただろうと思います。

天皇のことのみならず、日本そのものを戦後になって理解したのは、マッカーサーも同じです。彼の場合は、朝鮮戦争になって初めて、戦前の日本が置かれた立場を理解しました。この件は、東條英機氏の遺言のところで書きました。

終戦直後、マッカーサー率いるアメリカ軍が日本に進駐する際には、あれだけ激しく抵抗した日本人による襲撃などを当然、恐れていました。

ところが実際に日本に来てみたら、日本人は実に温厚な国民だということに気づいたわけです。何ごとにも従順で、すべて言ったとおりにやるし、感情的になることもない。マッカーサー自身が天皇陛下と会ったときには、かなり失礼な態度だったかもしれないのですが、それに対しても別に決起することもないわけです。そんな日本人の性質とか、日本人がずっと置かれてきた環境というものを、マッカーサーをはじめとするアメリカ人たちは、日本の地に降り立つまで、まったくわからなかったわけです。

私は一九七一年、十九歳のときにモルモン教の宣教師として初めて来日し、約二年間を主に九州地方で過ごしました。この件はブログや今までの著書にも詳しく書いているので、今回は別の話をしましょう。一九七五年の夏、沖縄が本土復帰を果たした三年後、沖縄国際海洋博覧会が開催されます。

アメリカ商務省は海洋博にアメリカ・パビリオンを出すことになっていて、そこ

で働く暫定外交官を募集していました。最初は大学に募集が回ってきたんです。就職センターから連絡があって、

「アメリカ政府が、沖縄国際海洋博に向けて暫定外交官の面接をしているけれど、日本語学科の生徒で面接を受ける人間はいないか？」

という具合でした。それで軽い気持ちで友人と受けてみたら、合格してしまった。それで、学校を半年以上休学して、また日本に来たわけです。

アメリカ本土とハワイから、私のような人間が一〇人雇われたのですが、そのとき一緒に来た暫定外交官の若い仲間の一人が、沖縄で山形県出身の女性と恋に落ちました。彼はその後、山形まで女性に会いに行ったりして、やがて婚約したんですね。それをアメリカの父親に知らせたところ、びっくりするような手紙が来ました。

「なんだ、おまえは。せめて人間と結婚すると思っていた。断じて許さない」

というわけです。当時、私も相談を受けたのですが、その彼は後に、

「お父さんの言うことはよくわかりました。今、愛する家族を捨てるか、愛する女性を捨てるかを考えている最中です」

と返信したんです。そうしたら、すごくショックを受けたお父さんが今度は電話

してきたんですね。そして息子に向かって、「そこまで強い気持ちなのか。それなら彼女を家に連れてきなさい。喜んで受け入れよう」と言った後、

「ただ、おまえには理解してほしい。俺は太平洋戦争で日本軍と戦った。当時はあいつらを人間だとまったく思えなかった。そんな人種とおまえが結婚するなんて、とても私には想像ができなかったんだ」

と明かしたそうです。そうして彼は結局、沖縄国際海洋博が終わってから彼女を連れてアメリカに帰り、向こうで結婚しました。すでに戦後三十年も経った頃の話ですが、まだ当時のアメリカ人の持つ日本人観の多くはこんなものでした。戦争のイメージが強烈に残っていたわけです。国際結婚をした日本人でも、似たような経験をされたケースは多かったと思います。

私も子供の頃、友達と戦争ごっこをしましたが、そのときの敵役はいつも「ジャップ」でした。もっとも、子供たちは私も含めて、「ジャップ」がいったい誰なのかは知りませんでしたし、そもそも日本がどういう国で、どういう人たちであったのかなど、知る由《よし》もなかった。そのくらい、日本というのは、よくわからない国でした。

日本軍が最後に採用した戦法として、特攻作戦がありますね。いわゆる「カミカ

ゼ」と呼ばれるものです。この特攻隊というものも、アメリカ人はほとんど理解していない。かくいう私も、以前はまったく理解できませんでした。

いくら天皇陛下のためでも、爆弾を抱えて敵の艦船に突っ込むなど、正気の沙汰ではない。アメリカ人にはまったく理解のできない世界であり、正常な人間はやらないと考えてしまう。騙されて、洗脳されているのではないかと。

しかし、特攻隊員らの遺書などを読むかぎり、天皇陛下のことなどほとんど出てきませんね。それよりも、「敵の攻撃から国を守りたい」「愛する家族を空襲から守りたい」というような言葉がたくさん出てくる。これは本当に意外でした。それから、自分の置かれた状況を嘆き悲しんだり、敵であるアメリカを含めて誰かを恨むとか呪うとか、そういう話もまず出てこない。これは現代の日本人と数多く接していて、昔からこういう精神は変わっていないようだなと感じた部分です。

これは多くの日本人も賛同すると思うのですが、特攻作戦というのは、やはり戦術としてはある意味で「異常」であるわけです。しかし、それを言うならば、あの世界大戦そのものがすでに「異常」であり、かつ、そんな特攻隊員らが置かれた環境自体が「異常」であった。つまり、そんな切羽詰まった環境の中におけるギリギリの選択だったとは思います。

二十歳そこそこの若者たちの、しかも彼らの多くは高等教育を受けたインテリですよね。そんな若い人たちの、国を守ろうとする純粋な気持ちと、一方で死にたくない、しかし家族を守るために自分も何かしなければならないとする激しい心の葛藤というものを見て、多くの日本人が今日も涙を流し、理解を示すのだなと徐々にわかってきました。

私のように、日本に何十年もいてもなかなかわからないこの感覚を、アメリカ人に説明するのは非常に難しいのですが、日本人は、たとえば文学や演劇、映画などを通じて、もっと理解を深めるような活動をすべきでしょう。

日本人は、そもそも本当に情報発信というか、宣伝が苦手です。そういえばプレス・コード⑯～㉑の六項目は、様々な「宣伝」の禁止でした。先に述べた東條さんの本当の姿なども、ほとんどアメリカ人には伝わっていません。そういえば、東條さんはナチスに迫害されたユダヤ人救出にも一役買っていますね。

ユダヤ人を救出した日本人たち

一九三八年三月八日、満洲とソ連の国境に、ナチス・ドイツの迫害から逃れてきた多くのユダヤ人がやってきます。それが満洲政府当局によって阻止されていたのですが、そんな酷寒の中で震えるユダヤ人を満洲に招き入れて救出したのは、日本陸軍の樋口季一郎将軍でした。しかし日本はこの前年に、日独防共協定を締結していますから、当然、当時少将だった樋口さんのやり方は、ドイツとの関係上はまずい。勝手に何かを判断すれば、クビになることも十分に考えられたでしょう。

しかし樋口さんは、これは人道上の問題だとして救出を決意。後に外務大臣として国際連盟を脱退することとなった松岡洋右《ようすけ》氏が、満鉄総裁として難民輸送用の特別列車を手配するなどして、多くのユダヤ人を助けています。

当然、ドイツとの外交関係を重視する日本の外務省や軍内部からは、樋口さんの行動を問題視する声が上がります。そして、ドイツ政府からもかなり強硬な抗議を受けることとなりましたが、樋口さんは決然として、

「満洲国は日本の属国でもないし、いわんやドイツの属国でもないはずである。法治国家として、当然とるべきことをしたにすぎない。たとえドイツが日本の盟邦であり、ユダヤ民族抹殺がドイツの国策であっても、人道に反するドイツの処置に屈するわけにはいかない」

という見解を上層部に提出します。その後、軍司令部に樋口さんは出頭させら

れ、そこで参謀長であった東條英機氏と会うわけですが、そこで樋口さんは、

「参謀長、ヒトラーのお先棒を担いで弱い者いじめすることを、正しいと思われますか」

と強く迫ったといいます。

このときの東條さんは偉かったと思います。この問題について、樋口さんの主張が正しいと感じたのでしょう。その後も樋口さんに対する懲罰はなく、軍内部の樋口批判は抑えられることになりました。

もし東條さんが本当に悪の権化であり、平和に対する罪人であるならば、ここではドイツの意向に従って、ユダヤ人を追放したでしょうし、少なくとも樋口さんに対する懲罰を行ったことでしょう。しかし、彼はまったくそんなことをしなかったのです。

しかもこの樋口将軍は、自分がユダヤ人を救ったなどと人にはいっさい言わず、ご家族も樋口さんが亡くなるまで、そんな話は聞いたこともなかったそうです。樋口将軍は終戦後も、北海道のさらに先にある占守島《しゅむしゅとう》に対して違法に攻撃を仕掛けてきたソ連の大軍に対して大打撃を与えるなど、軍人としても非常に有能な人でした。

その他にも、リトアニアに駐在していた外務省の杉原千畝《ちうね》氏は、六〇〇〇人ものユダヤ人に対して、入国ビザを必要としない中南米オランダ領行きとする「命のビザ」を発給してユダヤ人を助けましたし、ウラジオストックの総領事代理で、リトアニアから逃げてきたユダヤ人に対応した根井《ねい》三郎氏は、杉原ビザを使って日本行きの船に乗りたがるユダヤ人難民の受け入れに消極的な本省に対し、

「日本の領事が出した通行許可書を持ってやっとの思いで辿り着いたというのに、行き先国が中南米になっているというだけの理由で一律に船に乗る許可を与えないのは、日本の外交機関が発給した公文書の威信を損《そこな》うことになるので、まずいと思います」

とし、本来であれば漁業関係者にしか出さない許可証を与えて日本行きの船に乗せたりしています。

東條英機氏をはじめとする、多くの日本人の人道的な行為があったことは、アメリカではほとんど知られていません。これらを知れば、彼らだってびっくりして、「ああ、違う側面があるんだな」と思うはずです。しかし、誰もそれをメディアなどで発言しないので、それらを知る機会がないのです。プレス・コード第22項を頑なに守ってきたせいかもしれませんが。

しかも、世界的に有名なシンドラーは、ユダヤ人らを安い労働力として使うという考えが根底にありましたが、多くの日本人は、本当に純粋な人道的精神に打たれてユダヤ人を救出しました。そのあたりもまた、実に素晴らしいことだと思います。

日本はもっと良質な映画などをたくさんつくって、こういう事実を世界に向けて発信すればよいと思います。

日本を畏怖したアメリカによる強力な洗脳プロパガンダ

ルーズベルトが日本の実力をどこまで理解していたかはわかりませんが、あの戦争を通じてアメリカは、日本に対してかなりの恐怖心を抱きました。それだけ各地の戦場での日本軍の戦いぶりは、本当にすごかったのです。

たとえば、最近、天皇皇后両陛下が訪れられたペリリュー島などは本当に小さい島で、日本軍の戦闘員は一万人もいなかったため、ガダルカナルからずっと戦訓を積んできた第一海兵師団は「あんな島、二日か三日で奪取できる」と豪語していました。

そして、そこに五万人近くのアメリカ兵が上陸するのですが、そこで日本軍の凄まじい抵抗に遭って、第一海兵師団は全滅判定を出されるくらいにやられてしまい、歴戦の指揮官も解任されてしまうんですね。結局、この島を占領するまで二カ月を要しています。

硫黄島の戦いも同じで、兵力と装備に勝る精鋭のアメリカ海兵隊と、徴兵によって寄せ集められ十分な訓練を受けたとは言いがたい素人《しろうと》同然の日本軍の守備隊が激突しますが、アメリカ軍のほうが全滅した日本軍よりも大きな死傷者を出しています。

沖縄も酷かった。私は沖縄に住んでいましたので、地形がよくわかるのですが、以前に、陸軍軍人で沖縄に駐留していた義弟（妹の旦那さん）と一緒に戦跡をすべて回ったことがあります。そこで小さな丘というか、コブを一つ奪取するたびにアメリカ軍はものすごい損害を出しています。日本軍は全滅し、信じられない数の沖縄県民も命を落とし、アメリカ兵も大量に血を流しました。

あるとき、沖縄で人探しをすることがあって、住所を持ってコザ市（現在の沖縄市）にあるプラザハウスというショッピングセンターの近くに行きました。そこで地元の人を探すのですが、私が渡されていた住所がまったく見当たらない。そこで地元の

人に聞いてみたら、

「ああ、これは戦争が終わるまでの住所だ。この住所、今はもう廃止したんだよ。ここの住民全員が死んでしまったから。だからこの住所はやめようということで、違う住所にしてるんだよ」

というわけです。住民全員が死ぬなんて、もうこれは凄すぎるなと思いました。

こんな経験があるから、アメリカ人はみな日本人を恐れていました。私の地元は西海岸から飛行機で一時間四十分、一五〇〇マイルほど離れたところにあるのですが、戦争中はそこに製鉄工場がつくられました。地理的には、あそこが砂漠のど真ん中で、しかも小さな湖があるからということだったんですが、最大の理由はやはり、アメリカ西海岸が日本に攻撃されるかもしれないからという理由です。実際に、かつて日本海軍の潜水艦が、カリフォルニアを砲撃していますしね。

そこまでアメリカを手こずらせ、苦しめた日本に対して、アメリカが恐怖心を抱くのは必然です。だからこそ、もう二度と自分たちに歯向かってこないように弱体化しなければならない。物理的のみならず、精神的にも完全武装解除してやる、という気持ちになったわけです。そのためには、日本人の脳みその中を変えていかねばならない。

そんなアメリカは、GHQを通じて実に巧妙な洗脳工作を行うわけです。日本でも有名になりつつあるウォー・ギルト・インフォメーション・プログラム（WGIP）というものです。『正論』二〇一五年五月号でも、近現代史研究家の関野通夫《せきのみちお》さんが、WGIPの証拠となる一次資料を提示しながら、多くのアメリカの洗脳工作を明らかにしていますが、GHQが上手だったのは、自らは直接プロパガンダ工作を行わずに、日本政府や日本の報道機関を通じた間接統治に徹したことです。関野さんは、

「多くの日本人は、それらの思想が、占領軍から押し付けられたことに気づかない。日本政府や日本人自らが行ったと錯覚させられてしまう。そういう巧妙な構造のもとで進められました」

と指摘していますが、まさにそのとおりだろうと思います。

一方で、アメリカは自国民に対してもまた、プロパガンダを徹底します。「日米開戦では、日本がある日突然、ハワイに奇襲を仕掛けてきて騙し討ちをした」などは、その典型ですね。そのまま、アメリカ国民は日米戦だけでなく、ヨーロッパ戦線への参戦も許して、アメリカは戦争一色になりました。戦後は冷戦構造へと突き進み、朝鮮戦争、ベトナム戦争にも参加。まさに世界を二分割統治しようとしたス

ターリンとルーズベルトの思惑どおりの結果を生みました。

つまり、アメリカ人もまたプロパガンダでいろいろと信じ込まされているわけですが、こういった点からもプロパガンダとは何も敵国だけに対して行うものではないということがわかります。私のような見方をするアメリカ人はほとんどいませんし、多くの人から「お前は何を言っているんだ」と反発されかねないでしょうが、実際に歴史のファクトがそうだったのですから、こればかりは仕方がありません。

とにかく、戦争というものはみな同じで、いかに情報操作をするかということです。それは現在でも変わっていません。先にも触れた丸谷元人さんの書かれた本（『日本軍は本当に「残虐」だったのか』ハート出版）にも詳しいのですが、たとえば湾岸戦争の際にはクウェート人のナイラという十五歳の少女がアメリカで演説して、

「イラク兵が病院に押し入ってきて、赤ん坊を保育器から出して殺した」

などと言うわけです。彼女の演説を聞いてアメリカ人は本当に怒りました。そんなことをするフセインは許せないと。

しかし後になって、この少女は在米クウェート大使の娘で、イラクのクウェート侵攻時にはワシントンにいて、何も見ていなかったということが判明したのです。

しかも、ナイラのスピーチ原稿を書き、感動的な演説の仕方を教えたのは、アメリカの広告代理店でした。

イラク戦争も同じです。あれだけ盛んに「大量破壊兵器がある」と叫びつづけたのに、結局は一つもありませんでした。これは歴史に残る大嘘です。当時の国務長官であったパウエルさんは大量破壊兵器の存在を信じ込んで、それを国際社会に向けて堂々と発信してしまいましたが、後年、

「あれは自分の人生で最大の恥だ」

と述懐しています。彼などは本当に良心的ですが、チェイニー元副大統領や他の人たちは、絶対に謝罪なんかしませんよ。

九・一一の直後に起こった炭疽菌《たんそきん》テロもそうです。イラクのアルカイダがつくったということで大騒ぎになって、「フセインを殺さなければいけない」という世論が湧き上がりましたが、ＦＢＩだけはそれを信じていなかった。

あとになって調べてみたら、どうやらアメリカ陸軍内部の犯行であるらしいことがわかったのですが、容疑者を逮捕する直前に、その相手が家の中で倒れているのが見つかって、事件はウヤムヤになってしまいました。自殺だったそうですが、真相は闇の中です。

戦争をやろうとする国家が行うことは、今も昔もまったく変わっていません。ある国家を経済制裁などで徹底的に追い込んで、メディアを通じてあることないことをいろいろと言わせて、国民の意識に敵意を埋め込み、何事かの事件を仕込んで国民を驚かせ、一気に戦争に賛成させる。つまり国家というのは、戦争をやる前には、そのくらいの情報操作を平気でやるということです。

昭和十六年（一九四一）の段階で、ルーズベルトはとにかく大戦争をやりたかったのです。そのためにも彼は、誰も反対できないような理由をつくらなければならなかった。それで、そんな悪役としての立ち回りを日本にやらせるシナリオを書いたというわけです。日本はそれにまんまと乗っかってしまって開戦。敗北後は洗脳工作を受けたせいで、今でも国民全体が罪悪感を抱いている。もう、お見事と言うしかありません。

戦争になれば、あとは徹底的な破壊と大規模な殺戮を行うわけですが、それらはすなわち物資の大量生産と大量消費ということを意味します。つまり巨大な経済活動なんです。

そのためにはあらゆるデータを集め、すべてを効率化して徹底的にやり、いろいろな実験をやるわけです。そして、そんな酷すぎる大殺戮と破壊、そしてその裏で大儲けしたという実態を隠すために、国民を欺くためのプロパガンダが大量に必要になるわけです。

まさに「敵を欺くには、まず味方から」で、戦争を始める前だけでなく、戦時中から戦後に至るまでずっとプロパガンダですが、そんなプロパガンダの主力はつねに「映画」なのです。

戦時プロパガンダ映画は無視すべし

戦時プロパガンダ映画は、第二次世界大戦中にもたくさんの映画がつくられましたし、戦後もドイツ兵や日本兵を殺すヒーロー物の映画が量産されました。それらを通して「アメリカの正義」という価値観を統一するわけです。

二〇一四年末には、日本の捕虜収容所を生き延びたイタリア系アメリカ人で元オリンピック選手の実話を題材とした『アンブロークン』という映画がアメリカで公開され、同映画については日本でも話題になりました。

私も気になったので、周囲の友人であの映画を観た人たちに聞いてみたんですが、みんな「いや、特別には日本が悪いという気持ちは出てこないね」という評価でした。先に述べたように第二次世界大戦物の戦争映画はたくさんありますが、敵がいろいろと酷いことをやる。でも、みんな見慣れてしまっているんですね。だから、今回の映画の反応の多くも「だから、どうなんだ」ということにすぎないんでしょう。もちろん、一部には「あの映画を観て、日本人をぶん殴りたくなった」というコメントもあったようですが。

アメリカで観た多くの人たちも、「まず作品としてまったく面白くなかった」「拷問のシーンばかりでつまらない」というコメントが多かった。監督のアンジェリーナ・ジョリーは、「決して反日映画ではない」と言っていて、本人は本当にそんなつもりはまったくないんだと思います。ただ映画づくりが下手だったことと、宣伝が下手だったので、彼女は日本人の多くを怒らせてしまい、ファンを相当失ったということです。いずれにせよ、作品としてはかなり評判が悪いので、そんなに広く配給されないでしょう。

詳しい友人の話では、この映画の問題は、むしろ原作のほうにあるらしいです。「これ、嘘だろう！」と言いたくなるような、とにかく信じられない記述がたくさん出てくるようです。一二〇発も連続で顔面を殴られたとか、小さな救命筏《いかだ》の上で大きなサメと格闘したとかいう話を聞けば、普通は「フィクションだな」と思いますよね。ところが、それが「実話」とされているんです。

これは皆さんにもよく知っておいていただきたいのですが、アメリカでは、実話と比較したら半分以上が「フィクション」になっているのに、「この映画は実話に基づく」などと銘打ってエンターテインメント化し、大衆を誤解させる映画が非常に多いのです。つまり、「基づいている」というだけであって、実際の物語を一〇〇パーセント忠実に再現しているわけではないわけです。

マイケル・ムーアの映画などはそういう手法を多用しますし、最近では、アメリカ軍特殊部隊のスナイパーの人生を描いた『アメリカン・スナイパー』も、ノンフィクションとは謳《うた》っていますけれど、かなり脚色され、フィクション化されています。

こういった実話物で「実話に基づいている」と言われると、「ああそうなのか、すごいな」と思ってしまいますが、それが実際に何パーセント実話かというところをしっかりと見なければなりません。

それよりもドキュメンタリー・タッチの映画のほうが、より攻撃的な場合はありますよ。たとえば、日本の捕鯨文化を徹底的に攻撃した映画『ザ・コーヴ』などが良い例です。あの映画などは、日本人の多くが『アンブロークン』以上に怒るんじゃないでしょうか。

とにかく、アメリカは映画をプロパガンダに多用しますが、よほどのことがないかぎり、いちいち抗議しても仕方がない。抗議したところで、アメリカ人は何とも思わないでしょう。ですから、ああいったものはある程度、知らん顔をして放っておいたほうがいいのだと思います。

第五章

わが愛する日本よ、そろそろ「洗脳」から解放されよう

「宮刑」に処せられた日本

ＧＨＱによる占領方針は、第四章でも述べたとおり、戦前からすでに設定されていたルーズベルト大統領による占領計画をベースにしています。だから、戦後の占領下において日本で導入された政策自身も、非常にニューディール的な匂いがありますし、かつ、日本を徹底的に骨抜きにしてやろうという思想が根底にあるわけです。一部の人が崇《あが》め奉り、「ノーベル平和賞を！」などとバカげた主張をしていた「日本国憲法第九条」などは、その最たるものです。

私も何十年か前まで、つまり冷戦の頃の話ですが、日本の憲法九条の理念については、決して悪くないものだと思っていました。こんな理想主義の憲法なんて、かつて誰も本当に導入したことがないのだから、もし守りきることができれば、それは人類史上初の画期的な事例になるし、実験的にどこまでできるかやってみるのも良いではないか――と思っていたのです。

もう一つ、第九条に良い点があると思ったのは、軍事強国になりうる日本が本格的な再軍備を行わなければ、中華人民共和国（ＰＲＣ）も軍拡をする必要がないだろうと考えたからです。

でも、その結果どうなったか。当時と今では時代環境が変わってしまい、ＰＲＣは日本からのＯＤＡで国内インフラを整備する一方、浮いたお金で凄まじい軍拡を行いました。また、日本は尖閣諸島で挑発され、小笠原でも好き放題やられ、国際社会では嘘ばかりのロビー活動で貶《おとし》められているのに何も手を出せないという、サンドバッグ状態になってしまったわけです。しかもアメリカの力が少しずつ弱まってきているわけです。そのように劇的に変化する環境を見ながら、「やっぱり理想の実現は無理だ。日本は九条などにこだわらず、独自の力でしっかりと国軍を持って、きっちりと自主防衛をすべきだ」という考えに変わりました。

一方で、日本の「左」の人たちは、引きつづき「平和憲法バンザイ！」のままで進歩が見られませんが、疑問なのは、保守と呼ばれる人の一部に垣間見える、アメリカへの「過剰な依存心」です。これは少し不気味でさえあります。

たとえば、最近になってＰＲＣの脅威が強まってきましたが、アメリカ政府が「尖閣も守りますよ」と言ったとか言わないということで一喜一憂を繰り返していますね。でも、実際はそんなに甘いものではないでしょう。

たしかにアメリカは尖閣云々《うんぬん》と言ったかもしれません。しかし、言うだけなら簡単であって、誰にでも言えます。もしそんな一部保守の人たちが、アメリカ人があんな小島にわざわざ出かけて日本のために死んでくれると考えているのだとしたら、それは大きな勘違いというものです。「日本は、自分の身を自分で守る気がない遠い国の人々のために、わざわざ出かけていって血を流す覚悟はありますか」と聞けば、それはすぐにわかることですよね。

たしかに日米安保という明確な「軍事同盟」はありますが、状況によってはいろいろな理由をつくって助けにこない可能性は残されているわけです。オバマ大統領を見てください。彼はそういったことをやりたがりません。尖閣で何があっても、彼は動かないかもしれません。もちろん、現場の在日米軍の司令官が独断で動くことはあるかもしれませんが、そんなアメリカに全面的に甘え、依存している人が「保守」だというのは理解に苦しみます。日本が「半独立国状態」のままでないと、「甘い汁」が吸えなくなってしまう裏事情でもあるのでしょうか。

尖閣が日本固有の領土だと言うなら、そこは日本人がまず、たとえ独りになっても守り抜くとするのが筋です。それが独立国家というものでしょう。自国の領土を、他国の支援がなければ守れないというのは、統治権がそこに及ばないということですから、本来それは「国土」とは言えないのです。ＰＲＣに気兼ねして何もできないということ自体、すでに敗北の兆しが見えているわけです。

こうして考えると、日本では保守の一部にも憲法第九条によって広がった平和ボケが浸透しているとしか思えません。憲法第九条なるものは、昔の中国で言うならば、「宮刑」のようなものです。つまり、男性の大事な部分を切り取ってしまって、相手をメス化し、恥と罪の意識を埋め込んで、二度と歯向かわないようにしてやるという、ルーズベルトの強い意志の残滓《ざんし》ですね。

そういう意味で、日本は左のみならず、一部の保守層もある意味で「去勢」されたわけであり、もしかしたら、七十年経った今日でも、ルーズベルトの亡霊に操られているのかもしれません。独立国家としての誇りと自負があるなら、そんな大昔の憲法をさっさと改正して、しっかりとした軍備を持てばよいのです。そうすれば、アメリカも初めて日本を「対等なパートナー」として扱うでしょう。

以前、ペマ・ギャルポさん（チベット出身の政治学者）の研究会で講演した際、アメリカの憲法の改正歴を紹介しました。もう二〇回以上も改正されています。有名な禁酒法を撤回したりとか、奴隷制度の廃止であるとか、女性の投票権もそうです。いずれも、時代背景の変化とともに必要になってきたことを認めたものです。日本の環境も昔と大きく変わったのですから、もっと柔軟に対応すべきです。

ＧＨＱの政策が効きすぎた日本

ルーズベルトの意向もあって、アメリカは戦前から、日本が二度と歯向かわないようにとの方針で占領政策を立案しました。そして、当の日本では、ＧＨＱを通じたアメリカの占領政策が大成功してしまったわけです。それが、今日の日本の政治や社会が抱える問題の多くの根源になっていると思います。

戦争中、最後には「切り込み」「特攻」「玉砕」を掲げ、実際にアメリカ軍から見たら狂気としか思えないような勢いで歯向かってきた日本人が、天皇陛下から「武器を置け」と言われた途端、見事に抵抗をやめてしまった。そしてその後は、「耐え難きを耐え、忍び難きを忍び」の精神で、アメリカから言われたことを素直に全部実行し、運営を始めるわけです。政治も庶民もまったく同じ、とにかく平和的な復興へと邁進しはじめる。

いわゆる「平和憲法」もそうです。アメリカはそれで手強い日本を骨抜きにするつもりだったけれど、日本人の側は、あれだけ国土をめちゃくちゃにやられたこともありますが、やはり天皇陛下からも「武器を置け」と言われているわけで、そんな背景から「平和憲法」を受け入れたのです。つまり、両者の側がそれぞれ、違う解釈を持って「平和憲法」を取り入れたわけです。

しかし、朝鮮戦争の勃発で、アメリカ側の事情が変わりました。アメリカは共産主義の猛威を前にして、初めて戦前の日本が置かれていた過酷な環境を理解したわけです。実際、冷戦中は、アジアの周辺諸国が次々と共産化するから、それを止めなければならないとする「ドミノ理論」が流行《はや》りました。アジアの共産化の流れを、なんとか歯止めをかけないとダメだということで、ベトナム戦争をやったわけです。あれは間違いだったと私は思いますが、自由主義陣営のためには必要でした。

こうした状況のなかでアメリカが痛感したのは、「日本はやはり歯止めになるんだ」ということです。これは絶対に防波堤として取っておかないとダメだし、そんな防波堤には当然、軍隊が必要です。精神力が強い日本人が軍隊をつくれば、非常に頼りになると思ったことでしょう。

しかしそんな日本を徹底的に武装解除するというペナルティーを与えたのはアメリカ自身です。当然ながら、そんな変わり身に対して日本は顔を顰《しか》めるわけですね。「武器を捨てろと言ったり、武装しろと言ったり、まったくご都合主義だな」と。それに、朝鮮特需という好景気に湧いた日本人は、もう完全に平和復興モードですから、戦争なんかする気はなくなっている。ほんの数年前まで「帝国軍人」だった彼らは、今度は「企業戦士」になってしまったわけですから。

そんな企業戦士からすれば、ビジネスではない武力戦争で自分が戦うなんて、一文の得にもならない。むしろ、働いて高い技術とサービスを輸出し、国富を強化するほうが良いと考える。あれだけ金のかかる軍備とか戦争をアメリカが引き受けてくれるのなら、しばらくはそのほうがいい。そのあいだに、今度は軍事大国ではなく、経済大国になってやろうという考えですね。

そしてその思惑どおり、日本はアメリカに軍事をすべてお任せし、再び不死鳥のように甦って、世界第二位の経済大国にまで瞬く間に上り詰めました。

一方のアメリカは、共産主義の脅威を前にして極東で動きが取れなくなっているから、日本が軍事に消極的でもアメリカ自身が自分たちで何とかしようとするだろうという、日本の見込みは正しかったですね。

誰かが、戦後のユダヤ人と日本人の変貌ぶりを指して、

「第二次世界大戦は、最強の商人を最強の軍人にし、最強の軍人を最強の商人にした」

と言いましたが、まさに言い得て妙です。

こうして日本は完全に軍備のことを忘れてもよくなってしまったわけです。その結果、吉田ドクトリンともされる経済一辺倒の政策のなかで、GHQが去った後も、GHQ製の日本人「精神的武装解除政策」だけが強く残った。ただ運用者がGHQから、日本のマスメディアと、ソ連やPRCの影響を強く受けた日教組という教育組織や学者たちに変わっただけです。これら共産陣営は、アメリカ以上に日本人の精神的武装解除を望んでいました。

一方、吉田ドクトリンを奉じた日本政府にしても、日本人が過去を忘れても、とにかく当面は経済的繁栄に集中し、夢中になって毎日働いてくれるほうが国益に適《かな》うので、とくに偏向教育や偏向報道を制御しなくてもよかったのでしょう。

つまり、GHQが押しつけた「ペナルティーとしての平和憲法」は、当のGHQ自身がその間違いをすでに朝鮮戦争の段階で気づき、急いで修正を図ったにもかかわらず、戦後七十年ものあいだ、日本人自身の手によって生きつづけた。つまり日本人自身がそれを受け入れ、真面目に推進してきたのです。

もちろん、政府側は日本人をがむしゃらに働かせて戦争で失った国富を取り返し、再び世界の大国になるためにこの平和憲法を利用したでしょうし、一方の日教組は、日本の弱体化を望むソ連やPRCの意向に沿うためにそれを活用したというところがあるはずです。

また一方で、戦前からつねに権力に迎合してきたマスメディアは、戦後はGHQに迎合し、その際にGHQによって強力に推進された検閲政策のなかで、日本政府を叩くことが良しとされた記憶を残していました。そしてGHQが去った後は、今度は急速に力をつけてきたソ連とPRCにも迎合することで、日本政府も受け入れていた「平和憲法」を支持しつづけたわけです。

戦後日本を引っぱってきたマスメディアのトップは、やはり戦後も変わらず、権力というものに迎合してきたと言えるでしょう。反権力を謳いながら、彼らが反権力であったことなど一度もないのです。マスメディアだけではなく、学界も法曹界もみな同じです。日本弱体化を狙う国外権力に媚を売っています。

つまり戦後日本では、それが経済成長のためであれ、日本弱体化のためであれ、あるいは権力迎合の証しとしてであれ、「右」も「左」もみなが「平和憲法」に代表されるGHQの占領政策を利用したのです。その結果、世界を二分割統治し、日本を弱体化させることを狙ったスターリンの「同志」であるルーズベルトの亡霊が、引きつづき日本を戦後も精神的に支配することになったのですが、日本人の問題は、こんなルーズベルトの隠された意図に、今日もなお気づいていないということとですね。

このような状況に晒《さら》された日本国民から愛国心が消えていったのは、ある意味で当然です。また、自衛隊の社会的な地位が相対的に低かったのも当然です。

しかしこれらはすべて、過去の冷戦という特異な政治環境の中にあったからこそ実現できたものであって、今日のように日本の周辺に現実的な脅威が残存し、それどころか総体的にアメリカ軍の力がなくなってきたために、その脅威が急速に拡大している状況では、とてもではないですが継続できるものではありません。それどころか、早く日本人も目覚めないと、本当に取り返しのつかないことになってしまいます。

日教組も労働組合も、そして七十年前のプレス・コードを頑《かたく》なに守りつづけるマスコミも、法律の素人であるGHQ職員が短期間で書いた日本国憲法を今でも「平和憲法」などと呼んで何の疑問も持たない人たちは、ルーズベルトの手のひらの上で今日も踊り狂っているのだということに気づいてもらいたいですね。そんな日本人を見ながら、ルーズベルトとスターリンはあの世でニヤニヤしながら美酒で乾杯しているかもしれません。

くだらない話ですが、私は最近、あることでJR北海道の労働組合の人と喧嘩をしました。あそこは「極左」ともいうべき集団なのですが、今まで書いてきたようなことが頭にあるものですから、「あなたたち、何もわかってないね」と説明してやりたかったけれども、彼らはどうせ聞く耳を持たないだろうと思ったので、最後には、

「そんなクダラナイ主張をする暇があるなら、事故ばかり起こしていないで、ちゃんと線路でも敷き直したらどうだい？」

と言ったんですね。そうしたら、相手は黙ってしまいました。

権力に迎合し、「嘘」で儲けるマスメディア

私が日本で暮らしながら、いつも「困ったものだなあ」と思うのは、マスコミ、とくに大手新聞による過去の戦争に関する報道姿勢です。先にも述べたとおり、日本の大手マスコミは、戦前は日本政府と軍部にべったりでしたが、戦後はＧＨＱ一辺倒になりました。そんなＧＨＱが七年ほどで去ってしまったので、今さら日本政府バンザイに戻れない彼らは、慌てて日本より強い権力を探し求め、そこでソ連とかＰＲＣと運命的に出逢って、恋に落ちてしまうわけです。

ソ連やPRCにしてみれば、これは「都合が良い」どころか「カモネギ」ですよね。向こうから勝手に勘違いして惚《ほ》れてくれたのですから。あとは日本の有名な学者とか新聞社の論説委員あたりを招待して、散々に接待してあげればいいわけです。すると、彼らはもう完全に共産主義熱に浮かれてしまって、ソ連やPRC、北朝鮮あたりの宣伝機関に勝手になってくれるわけですから。これを「政治工作」というわけですが、日本のマスコミは本当に政治工作に弱いと思います。

いわゆる「南京大虐殺」や「従軍慰安婦強制連行」を叫びつづけてきた朝日新聞を指して、「朝日《ちようにち》新聞」「人民日報日本支部」などと言う人がいますが、彼らはそう言われても仕方ないくらいの偏向報道をしてきたのです。

自民党の稲田朋美政調会長（現・防衛大臣）が、かつて弁護士時代にPRCまで出向いて南京大虐殺論争に関して抗議に行ったことがあります。そうしたら中国共産党に言われたそうです。「われわれの主張はすべて、あなたの国の新聞に書いてあるじゃないですか」と。これは、支那事変の頃の南京で二人の日本人将校による「百人斬り競争」の話を捏造した毎日新聞のことですが、「最初に言い出したのは、あなたの国だよ」と言われたわけで、その指摘は残念ながら正しいのです。

しかし、この記事を書いた当の記者は、戦後の戦犯裁判においてはうまく逃げてしまいました。その結果、実際にはそんなことをやってもいない、罪なき日本人が戦犯として処刑され、その家族に塗炭《とたん》の苦しみと悲劇を与えたばかりか、戦後の日本人に対しても、まったく必要のない罪悪感を深く刻み込んだのです。

彼らの罪はそのように逃げたことだけではありません。戦後もメディアは、やってもいない日本の戦争犯罪などにも火をつけ、どんどんと煽りました。南京大虐殺なるものに戦後何十年も経ってから再び火をつけ、また慰安婦強制連行に火をつけて、煽りに煽ったわけです。

そして、それらはすべて大嘘だったというわけですが、多くのマスコミは、戦前も戦後も嘘つきであり、卑怯です。すぐに「表現の自由」や「報道の自由」などと言い出しますが、ジョークサイトや個人のツイッターならまだしも、「嘘を真実であるかのように大衆に伝える自由」など、大手マスコミにはありません。

パプアニューギニアでも、現地人女性一万六〇〇〇人が慰安婦にさせられ、また別に五〇〇〇人以上の女性が日本兵にレイプされ、食べられたとする記事が一九九五年の『週刊朝日』に載ったそうですが、現地に住んでいた日本人がこのことを調べて、これが完全な大嘘であったことを書いています。

ほぼ全員がマラリアなどの風土病に罹《かか》り、薬さえなく、食糧もないために、一部で人肉食さえ発生するほどの飢餓地獄にあった。しかもたった一万二〇〇〇人の日本兵しかいなかったところで、どうやって一万六〇〇〇人もの慰安婦を集められるんだという話です。

その犠牲者数に関しては端数まできっちりと報告されているのですが、パプアニューギニアの人たちは、戦時中はほとんどが読み書きもできず、今でも数を一〇以上数えるのが苦手な人も多いとか。高級ホテルで、コーラとオレンジジュースとコーヒーを注文したら、最後のコーヒーだけを覚えていて、それを三つ持ってくるということがたまに起こるくらい、実にのんびりした国だそうです。

そんなところでどうやって、半世紀以上前のそんな被害者数まで、あたかも記録してあるかのように、正確な端数まで出せるのだという話です。それを、天下の『週刊朝日』が真面目に、かつセンセーショナルに報道してしまった。

もう一つ、ほとんどの日本人が気づいていないでしょうが、日本の英字新聞である『ジャパン・タイムズ』の偏向は実に酷いですよ。慰安婦問題については、もう完全に強制連行ありきの報道で、慰安婦問題を起こした責任は日本にある、とかいう論調ですね。

読売新聞の英字版である『ザ・デイリー・ヨミウリ』も、「性奴隷」という表現を使いつづけていました。日本人の大半が英字新聞を読まないのをいいことに、彼らは英語を使って海外に散々、大嘘を発信しつづけてきたのです。欧米のメディアで「性奴隷」という表現が広がった原因の一つは、日本発のそれらの英字新聞にあることは間違いないと思います。

こういったマスコミの人たちには、「報道の自由」＝「嘘を書いていい自由」などではないこと、そして日本には「恥を知る」という言葉や文化があることを、もう一度きっちりと勉強してもらいたいと思います。そして、英字新聞をもしっかりと監視できるような、彼らに対抗できる日本の英字新聞があっても良いと思います。

「ナイーブ」な学者、「マッチ・ポンプ」の日弁連

日本人の学者のなかにも、変な人が多いですね。日本人の有名学者のなかには、かつて北朝鮮を「地上の楽園」と持ち上げたり、ソ連やＰＲＣに招待されて見聞したものに感銘を受けて帰ってきた人も多いようです。それが東京大学あたりの教授として君臨していたわけですが、そういう意味で、これらの日本人学者らは政治的

にも非常に「ナイーブ」でした。

この「ナイーブ」という言葉は、決して日本人が使う「純粋」という意味ではなく、むしろ「愚鈍」とか「未熟」という意味です。そして、そんなナイーブな人たちが日本の学界や言論界で大きな影響力を誇っていた時代が長く続きました。

もちろん、そのような中からまともな研究が生まれてくることはありません。政治的なことにあまり関心を持たない理系の人たちはノーベル賞などで大きな成果を挙げていますが、人文社会学系、とくに政治学系における大きな成果はあまりない。この結果は当然だろうと思います。

最近も、東京大学名誉教授の北岡伸一氏が「（安倍首相に）日本は侵略したと言わせたい」と発言したことが話題になっており、四月に行われた公開討論会でも「満洲事変などは明らかに違法性があった」などとシッコク主張しているようですが、これもあまりにナイーブとしか言いようがありません。そもそも何のために、あるいは誰のために、そんなことを七十年経った今になって安倍首相に言わせなければならないのか、まったく理解に苦しみます。

では、イラク戦争を始めた人たちはどうでしたか。結局、イラク戦争を始める理由となった大量破壊兵器などは、ついに見つかりませんでしたね。しかしアメリカは必ずそれがあると言って戦争を始めました。たしか、北岡教授も「大量破壊兵器はある」と主張してイラク戦争を強く支持したはずです。

では、アメリカは謝りましたか？　ブッシュ氏が謝ったのを見たことがありますか？　チェイニー副大統領であれば、絶対に謝るはずはありません。あの戦争を支持した北岡教授はどうでしょうか。あれは北岡教授風に言うならば、「明らかに違法」であり、「侵略行為」であったはずです。北岡教授ご自身は、自らの発言をどう考えておられるのでしょうか。

かつては欧米列強をも含め、多くの強い国が他の弱い国を植民地化して支配してきました。それらを、完璧に合法的な形でやったというケース自体が少ないでしょう。そもそも、合法とか非合法といっても、それはどこのどんな法律を基準としているのか、それすら曖昧です。

そんなかつての行為を「侵略」というのか、「進出」というのか、「併合」というのか、あるいは「統治」というのか、などという問題は、単なる政治の言葉遊びであって、本質的には大した問題ではありません。すべては国益のためであり、それについて謝った国など、罪をすべてナチスに被せたドイツを除けば、日本くらいのものでしょう。

そういった指摘をせず、「侵略」という言葉を総理に言わせることに血道を上げる政治学者が、政府内で重要なポストに登用されていることには大きな疑問を抱くとともに、「結構、ヒマなんだなあ」と感じてしまいます。

政治学者なら、もっと大きなグランド・ストラテジーとか、新たな政治思想の構築をするべきであり、こんな政治的言葉遊びに浸っているようでは、日本の学界が戦後レジームから脱却してルーズベルトの手の上で踊ることをやめるまでに、まだまだ時間がかかりそうだと思わざるを得ません。

また、日本では弁護士の団体である「日本弁護士連合会（日弁連）」も本当に奇妙な集団だと思います。慰安婦問題で、アジア各国に行って元慰安婦だという人たちを集め、その訴訟を立ち上げたのは日弁連の高木健一弁護士です。元慰安婦だと名乗り出たら、一人あたり二〇〇万円をあげますよといって、当時二万人くらいしか日本軍がいなかったインドネシアで、一万七〇〇〇人もの「自称・元慰安婦」を集めたのです。パプアニューギニアのケースとまったく同じです。韓国では弁護士時代の福島瑞穂参議院議員が暗躍。そして、日弁連は組織としてそれらを積極的に支援しました。

二〇一五年五月号の雑誌『正論』では、元共産党員である古是三春《ふるぜみつはる》氏が、故・吉岡吉典参議院議員がかつてぼやいた言葉を紹介しています。

「嘆かわしいことに、人権派といわれる日本の弁護士たちが事件探しに韓国や中国に出かけ、マッチ・ポンプをやっている」

というものですが、まさに日弁連はマッチ・ポンプをやって食べてきた集団というわけです。だから、アメリカの弁護士でもある私は、正義の味方のフリをしながら、裏ではコソコソ悪さばかりしている日弁連が大嫌いです（笑）。道徳教育の強化に日弁連が反対している件もまったく意味がわかりません。日本国内でいじめや犯罪者が減ると彼らは困るのでしょうか。日本には立派で優秀な弁護士さんもたくさんいるのに、日弁連のような大きな組織が先頭に立って日本を貶める行動をするのは、本当に迷惑だと思います。

レッテル貼りに負けるな

かつてであれば、こんな問題を指摘したら、それこそ「お前は歴史修正主義者だ」と言われたことでしょう。「ナチスによるホロコーストを否定しかねないような人間だ」という意味合いです。あるいは、「ハワイの真珠湾に対する攻撃をルーズベルトが知っていた」と言ったり書いたりするだけで、もう完全なる「陰謀論者」として扱われてしまうということは現在でも大いにあります。つまりレッテル貼りです。

一度、こうやって手垢のついた言葉でレッテルを貼られてしまうと、社会的にはまったく信頼性がなくなってしまいます。これは「キャラクター・アサシネーション（人物評価破壊）」というものですが、よく考えれば奇妙な話です。そもそも、これまで本当だと信じられてきたものに対して説得力のある資料や情報が出てきたので、改めて検討し、いろいろな意見を述べてみることが、なぜ「歴史修正主義」とか「陰謀論」になってしまうのでしょうか。

歴史というのは、それが本当に事実や真実であれば修正してはいけませんが、少しでも新しい資料や証言が出てきたら、それを常に真摯に見直すという作業が必要です。先に言った人の話が本当で、その後に違うことを言う人が出れば、それらは歴史修正主義者だということになりかねません。それはどう考えてもおかしいですよね。

それに古今東西、「歴史というものはつねに勝者によって書かれる」というのもまた事実です。すると、それは誰かにとっては都合の良い歴史であるに違いないですし、その一方で、誰かが損をしているのです。そうなると、そんな物語はもはや「歴史」ではなく、「政治（の道具）」であるにすぎません。

それとも、そんな既存の歴史物語に対し、疑義を呈することに対して、レッテル貼りでしか対抗できないとすると、その後ろには何か明らかになってはまずい、隠しておかねばならないことでもあるのではないか、と勘ぐりたくもなります。

複数の、しかし、時に相反する内容の資料や情報が出てきて初めて、当時の歴史の本当の姿が少しずつ見えてくるのであって、勝者による一方的な歴史を聞いて信じているようでは、自らが好んで誰かの「政治的プロパガンダ」に身を委ねているのと同じです。

一次情報さえあるのなら、それを重視した歴史の再検討というのはいくらでもあっていいと思います。それこそが本物の歴史学者でしょう。もちろん学者だけではなく、信頼できる資料さえあるならば、私たち一般の人間が一般的に語られる歴史にどんどん疑問を呈してもいいわけです。

にもかかわらず、歴史学者と名乗る人たち自身が、一次資料にも当たっていないというケースは多いですね。今回、アメリカのマグロウヒル社が出した世界史の教科書にある慰安婦の記述は、「もう本当に酷い」という一言に尽きます。

「日本軍は十四〜二十歳の女性を、二〇万人も強制的に徴用し、軍属させ、『慰安所』と呼ぶ売春宿で働かせた」

「日本軍は慰安婦を天皇からの贈り物として軍隊に捧げた」

などと書かれており、挙げ句の果てには、日本軍が、

「その活動を隠ぺいするため、多くの慰安婦を虐殺した」

とまで書いているわけです。

この執筆を支援したのは、ハワイ大学の現代史研究者であるハーバート・ツィーグラー准教授ですが、彼は間違いなく一次資料にさえ当たっていない。おそらく、日本語も読めないでしょう。そんな人間が、日本の慰安婦問題について専門家のような顔をして出てくるわけです。「いったい、どの資料を読んだのか、全部出してみてください」と言いたいですね。

安倍首相はこの教科書の記述を見て、「がくぜんとした」と述べ、政府のみならず、日本の学者たちも連名で抗議しました。しかし出版元のマグロウヒル社は、

「慰安婦問題の歴史事実については、学者の意見は一致している」

というメッセージを出し、まったく修正するつもりがないようです。さらに、アメリカの二〇名の歴史学者がマグロウヒル社の擁護をしているのですが、いった

い、どこが学者の意見だと問いたいものです。

彼らが慰安婦問題の資料を十分に検証したとは思えません。十分に検証したうえでマグロウヒル社を擁護しているのだと言うのならば、理解力も判断力も、私の三歳の孫に負けています。歴史学者というのは、汚名でもいいから歴史上に名前を残したいものなのでしょうか。

これも「日本の国際的な発信力があまりに弱かったから」と言わざるを得ません。日本の大手メディアも、こんなバカげた動きについては、もっと報道すべきなのですが、なぜかトーンは低いままです。なんだか、どこか特定の国の意図が働いているのではないかと疑いたくなるほどです。こういうときにこそ使うのが「報道の自由」ですよ。報道に憲法第九条を適用してどうするんですか。敵を攻撃してください。先制攻撃を受けたから、個別的自衛権の行使ですよ。

あと、もう一つ面白いのは、日本の靖国神社に関して非難している外国人のなかには、靖国神社にA級戦犯の骨が祀られていると信じ込んでいる人が少なくありません。海外の大学にいる歴史学の教授にもそういう人がいるようですが、これなど、テレビのクイズにすると面白いでしょうね。「靖国神社に葬られているA級戦犯の骨は何体あるでしょう」という質問に対し、答えはまさかの「ゼロ」(!)。観客からは「ええ? 信じられない!」という反応があがる(笑)。

とにかく、この程度の認識でも歴史学の教授になって、しかも教科書まで書けるのですから、ハワイ大学のレベルが疑われてしまうでしょう。この大学の卒業生には、櫻井よしこさんのような一流の論客もおられるのに、今はレベルが下がってしまったのかな、と思ってしまいますね。

日本の大手メディアがこの問題について大きく報道しない理由は、プレス・コード以外に何かあるのでしょうか。日本人はこの問題をもっと深刻に捉えて、国内外のメディアとマグロウヒル社に論理的に抗議すべきです。それでも論理的な反論がなく、「歴史修正主義者」と呼ばれたら、彼らこそが歴史の真実から逃げる「歴史捏造者」であることの証明です。

愛国心を取り戻せば日本国民は世界で一番幸せです

日本人はもともと、大変な愛国心を持った人々だと思います。にもかかわらず、それをほとんど理解していないように私には見えます。昔からよくメディアが「あなたは、今の生活に満足していますか」などという意識調査をしていますが、日本ほど「満足していない」と答える国民はありませんね。いろいろ理由があるのでしょうが、しかし私のような外国人から見れば、日本人ほど幸せな環境で暮らしている人たちはいません。

気候はそんなに厳しくないし、沖縄はちょっと暑くて、北海道はちょっと寒い。というか冬の寒さはかなり厳しいですが、それでもバラエティーに富む食事は美味しいし、自然はきれいだし、治安は良いし、物価は高いといってもべらぼうだというわけでもなく、この二十年はほとんど変わっていませんね。むしろ、かなり下がっています。

国歌である「君が代」を歌えない日本人が結構いるというのも、私にとっては驚きです。こう見えても、私はアメリカの国歌のみならず、「君が代」もしっかりと歌えますが、自国の国歌を歌えないというのは、とても残念で情けないことです。

「『君が代』は先の戦争における軍国主義の象徴だから、歌うべきでない」などと、戦後の日教組による教育がなされてきたということが非常に大きいと思うのですが、彼らが戦後ずっと意図してきたのは、ソ連様やPRC様の覚えがめでたくなるように、共産主義とか社会主義革命を日本で起こしたい、あるいはそれに向かって努力するフリをしておきたい、という思惑があったからでしょう。

でも、そんな政治的に汚《けが》れた思惑のせいで、日本の若い人たちの心は蝕《むしば》まれました。「日の丸・君が代を押しつけないで」というのが彼らのスローガンのようですが、親や地域社会は「左翼思想を子供たちに押しつけないで」というスローガンで対抗すべきです。

戦前、特高警察あたりに弾圧され、投獄された共産党員らが戦後になって刑務所から出てきて、「GHQ万歳！」とやったわけですが、一方、当時はアメリカもまだ「天皇＝戦争の元凶」ではないか、と考える空気も強かった。日本にとって不幸なのは、こんな初期のGHQにおける天皇理解と、皇統そのものを破壊したいとする日本共産党の目指すものが、ある部分で一致してしまったことでしょう。

そんな共産主義者の多くが教育者になり、国旗や国歌の否定を堂々と主張する教育を戦後何十年も行ってきたわけです。そんな彼らが、「『君が代』が国歌だなんて、法律のどこにも書いてないじゃないか」と言うから、日本政府はそれを法律にしたわけなんですが、すると今度は「そんなものには従わない」と言う。それで裁判にまでなっていますが、彼らには日本人的な美徳が、まったく感じられません。

さらに日教組が力を入れたのは、GHQの宣伝にそのまま乗って、戦前の日本は悪いことばかりしたという罪の意識を子供たちに植え付ける教育です。ある知り合

いの妹さんは、高校時代の世界史の授業では、南京大虐殺や日本の戦争犯罪についてばかり習っていたそうです。その先生が、

「今日、家に帰ったらおじいちゃんの目を見ろ」

と言うんですね。要は、君たちの祖父は殺人者の目をしているんだ、と。そして先生自身も、

「私の父も中国で戦っていますが、あれは人を殺した目です」

などとレクチャーするような、信じられない授業だったそうです。

そうした教育の結果、多くの国民が国歌を歌えず、健全な愛国心を持つことができなくなってしまった。これはもう、ほとんど犯罪的なことだと思います。

日本には、皇室という素晴らしい財産があります。たとえば東日本大震災のときの反応です。天皇・皇后両陛下に対する国民の尊敬度というのもまたすごいです。当時、菅直人氏が総理大臣でしたが、彼が被災地を訪れたときは、石もて追われる感じでした。でも天皇・皇后両陛下がお越しになると、被災者のみんなが涙を流して喜ぶわけです。悲惨で苦しかった場所に、一筋の明るい光が差し込んだようになる。

私はこれまで、複数の皇族の方々にお目にかからせていただきましたが、皆さ

ん、本当に尊敬できる素晴らしい方々でした。最初に驚くのは、皆さんの英語が完璧だということ。しかもクイーンズ・イングリッシュをお使いになり、非常に高い教養をお持ちです。

それに加えて、実際にお目にかかってみると、皆さんは本当に親しみやすい方々です。そんな方々を見ていると、やはり皇室が国民の尊敬を一身に集めているのは当然だなと感じます。

皇太子殿下も私は大好きです。なぜかと言いますと、私のくだらないかもしれない冗談をすべて聞かれ、笑ってくださるから。皇太子殿下が出席されたある宴会で、私は英語で司会をしたのですが、私の冗談をすべて理解され、笑ってくださいました。

アメリカでは、学校で毎朝国歌が流れて、国旗に向かって忠誠を誓うのですが、それはアメリカが多民族国家であり、そういう精神でいろいろな民族を一つにまとめる必要があるからです。しかし日本にはそんな必要さえない。なぜなら、そこには国民精神の中心としての皇室があるからです。そして、そんな国に対して愛国心を持つのは至極当たり前のことですし、それを恥じる気持ちが少しでもあるとしたら、「洗脳されている」という言葉を使うしかありません。

もちろん、多くの日本人も愛国心をきっちりと持っているのは疑いありません。たとえば、テニスの錦織圭《にしこりけい》選手やフィギュアスケートの浅田真央《まお》選手が活躍したときは、多くの日本人が表彰式で掲げられる日の丸を見て、そして会場に流れる君が代を聴いて感動するわけですよね。そうやって、ちゃんと国を想っているわけです。それを表現することに恥ずかしさや後ろめたさを感じるのは、おそらく日本人だけです。その最大の原因はWGIPであり、七十年前のプレス・コードを今も守りつづけるマスコミ報道に洗脳されているからだということは、もうご理解いただけたかと思います。

一方で、愛国心なるものが行きすぎると良くないことは、私もよくわかっています。実際、九・一一以降のアメリカ人の多くは、ちょっと行きすぎじゃないかというくらい愛国心をむき出しにしていました。

今でも、アメリカに帰ると、田舎町を走っていても、車につけるステッカーに“America No.1”なんて書いてあるんですね。対テロ戦争の影響が非常に強いのですが、アメリカ南部なんかでは自分の州から出たことがない人たちも多く、バランス感覚のある寛大な心を持てない場合があります。ある意味では、こういう態度は多文化や他宗教に対する排他主義に繋がる危険性が確かにあります。

私の息子たちは子供の頃、東京のアメリカン・スクールに通っていたのですが、そこの先生たちは元ヒッピーが多かった。つまり、左寄りというか、リベラルなのですが、ただ政治的な日教組とはわけが違います。そこで子供たちは、五四カ国から来た人たちと一緒に学んだので、いろいろな違った考え方を学ぶことができた。ですから愛国心なるものの行きすぎの弊害を、すぐ感じるようになりました。

以前、周りを走っている車についていた"America No.1"というステッカーを見た息子たちは、

「他の国の人たちが、それを見たら何と感じるだろうね」

と言っていましたが、そのときに、日本でもアメリカン・スクールで彼らを育てて良かったなあと思いました。愛国心と他者の価値観について、ちゃんとバランスを保ってくれたな、と感じたのです。

繰り返しになりますが、行きすぎ、バランスを欠いた愛国心の発揚はいけません。第一章でも少し述べましたが、何か問題があるとすぐに「在日の仕業《しわざ》だ」とする最近の風潮も困ったものです。たとえば、駅にゴミが落ちているのを見て、それを指摘すると、

「いや、あれは在日がやったに違いない」

などという反応が増えているのを見て、私なんかは大変に情けない気持ちになります。かつては、こんなことはありませんでしたから。

もちろん、これまで韓国やPRCから散々言われてきたので、その反動で何かを言いたくなる気持ちもわからないではないですが、本物の愛国者というのは、もっと自信を持ち、大人の対応をするものです。私の好きな日本人の大半も、愛国的ではありますが、極めて温和でかつ紳士的で礼儀正しい、しかも尊敬に値するフェアな人たちです。

バランスある「健全な愛国心」を持つこと、そしてそれに自信さえ抱けば、日本人というのは世界で一番立派で、かつ幸せな国民なのではないかと私は感じています。

日本の修身教育がアメリカ社会に採り入れられた?

健全な愛国心とともに必要不可欠なのが、道徳心です。学校の成績が良い子供ほど、周囲にちやほやされ、先生や親までもが遠慮したりします。そのような子供は、自分を特別視したり、他人を見下したりしがちですから、「道徳教育」が、とくに重要になります。

アメリカの「道徳教育」は主に家庭と教会で行われます。愛国心は国旗の前で毎日国歌を聴きますから、学校で叩き込まれますが、これは道徳教育とは少し違うでしょう。ですから、アメリカ人である私には、最初、戦時中まで日本の小学校で行われた「修身教育」という概念がよくわかりませんでした。一方で、どこから仕入れたのかわかりませんが、何となく「天皇崇拝を教えるものだろう」という考えもありました。

しかし実際には、「弱い者いじめはしてはいけません」とか、「お年寄りや障害者の人をみんなで助けましょう」「お父さんやお母さんの言うことをしっかりと聞いて、おじいさんやおばあさん、ご先祖様を大事にして、お友達同士みんなで仲良くしましょう」「悪いことをしたら、ちゃんと謝りましょう」「しっかりと勉学に励みましょう」といったことだったと聞いて、

「あれ、ぜんぜん天皇崇拝とは違うじゃないか！」

と意外に思いました。もちろん、「天皇陛下のために死ね」とか、「特攻しろ」とかそんなことはどこにも書いてない。

一九八〇年代、アメリカでは社会や学校での学力低下や学級崩壊、暴力などが

蔓延《はびこ》りはじめ、大変な社会問題になっていましたが、当時のレーガン政権で教育長官を務めたウィリアム・J・ベネット博士が、後に"The Book of Virtues"（道徳読本）という分厚い本を出版しました。

この本はベストセラーとして三〇〇〇万部も売れ、聖書の次に売れたとも言われています。私も一九九〇年代に購入しました。ベッドでの子供への読み聞かせに良いのですが、この本のコンセプトや構成は、日本の修身教科書によく似ています。

もう一つ不思議なのは、GHQが修身を廃止させたにもかかわらず、日本人はまだ道徳的に高い精神を維持しているということです。日本を骨抜きにしようとしたルーズベルトの思想的流れを汲むGHQが、いくら修身を廃止したところで、日本のそれぞれの家庭では、きっちりと子供たちにそういう大切な精神を教えてきたという証拠です。それが戦前のみならず、敗戦後でさえ日本人の精神が強かった最大の原因なのです。

ルーズベルトやその周辺は、そんな精神性の高さこそが日本人の強みだと知っていたため、その元となる修身教育を廃止することまで考えたのでしょう。そういう意味で彼らの考えは、逆説的に言うならば、日本弱体化という点では的を射ていたのかもしれませんが、日本の個々の家庭教育というものがしっかりしていたため、そこまで骨抜きにならずに済んだのかもしれません。

「修身」以外に、「教育勅語」にも大変素晴らしいことが書かれていると思いますが、そんな高い倫理観を維持しようとすることのなにが悪いのか。いくらＧＨＱがそれを廃止しようが、彼らはそもそも日本の本質を理解していなかっただけですし、真面目に七十年経った今でもそれに従うということのほうがバカげています。

二〇一五年三月に文部科学省は道徳教育を強化すると発表しました。私はどんどんやるべきだと思います。ただ問題は、日教組系の先生たちが道徳教育をしてくれるかどうか、そもそも能力があるのかということかもしれません。日本を貶める左翼的政治活動を海外で行う日弁連がわざわざ反対声明を出したことからも、文科省の新しい方針が日本の将来のために役立つことは確実です。

秩序と曖昧が混在する国・日本

今でこそ、日本で暮らした時間のほうが長く、自分自身もどこかで日本の一部になりかけていますが、子供の頃には日本など意識したことさえありませんでした。前にも述べたとおり、戦争ごっこで悪役がいつも「ジャップ」だったことは覚えていますが、それが何を意味するのかもわからなかった。

やがて、十九歳のときに宣教師として派遣されることになって、そこで初めて、「ああ、そうか、日本という国もあったなあ。たしか、中国の沖合の小さな島だったと思うけれど、いったい、どんなところなのかな」

という程度の認識にすぎません。

そんな私が非常にラッキーだったのは、日本に来る直前に、ある先輩が助言をしてくれたことです。以前、日本に住んでいたというこの先輩は、日本においては文化も習慣もすべてが違うということを伝えてくれましたが、その際には、

「とにかく、何から何までアメリカと正反対だと思え」

と言ったんです。さらに、

「何を見てもびっくりするだろうが、とにかくそのときに『これはおかしい』という言葉は絶対に使うな」

とアドバイスしてくれました。とにかく、自分の常識と違うものを見たら、不思議だなと思い、すべてを楽しむようにしろよ、ということでした。

そのせいでしょうか、実際に日本ではすべてのものが正反対でしたが、私は最初からほとんどストレスは感じませんでした。この助言がなければ、最初はかなり苦

労したと思います。日本に来た外国人は、しばらくのあいだはストレスが溜まってかなり苦労する人が多いですからね。

それ以上に、何でも正反対だった日本に住むということは、私にとっては祖国アメリカをより深く理解するきっかけにもなりました。たとえば、愛国心は宗教と同じぐらい絶対的な価値なのだと思っていましたが、日本に来たら「どうやら、そうでもないらしい」とかいう部分です。とにかく、日本から見ることで、「アメリカにはこういう部分があるのか。まったく気づかなかった」などという発見が多かったのです。おかげさまで、アメリカのことがいっそう面白く見えたし、同様に日本という国も本当に面白く観察しました。

日本の何が好きかというと、まずはその秩序と曖昧さの混じり合った感じです。たとえば、日本の飛行機はほとんど遅延がないですし、電車もバスもほとんど時間どおりに来ます。サンフランシスコの地下鉄なんて、時刻表もありませんからね。

また、地震や津波などの酷い災害が起きたときでも、誰も暴動を起こさないし、自然とあちこちで勝手に秩序だった復興が始まるわけです。普段は怖いヤクザの人たちまでもがお年寄りや子供のために炊き出しをしたり、困窮している庶民に無償で物資を提供してあげたりしてね。しかも、それを社会が普通に受け入れている。

日本では、ヤクザまで根が真面目というべきなのか、それとも社会の懐が深いというべきなのか、おそらくその両方なんでしょうね。

一つ、笑い話があります。かつてアメリカの軍隊で、同性愛者が軍人になっていいのかどうかという議論がかなり盛り上がりました。欧米社会というのは、キリスト教の影響もあって、性の概念については意外に厳しいのです。それで以前は、同性愛者がアメリカ軍に入るのは禁止だったのですが、人権や権利の観点から、これも何とか考えなければならないという機運が盛り上がりました。

そのときに結局、アメリカ政府は、"Don't ask, don't tell"という方針を導入したわけです。つまり、志願者が同性愛者かどうかは問わず、また志願者も答える必要はない。つまり「聞かざる、言わざる」です。

もちろん、軍では同性愛は禁止ですから、それがバレたらクビになります。そして、現実的にはほとんどの場合、どうしてもバレてしまうんですよね。それで、このままではいけないということで、イギリスやドイツなどの欧米の国々のみならず、広く国際調査を行うことになりました。国によっては「許可する」というところもありましたが、「絶対にダメだ」というところもありました。そのなかで、日本の答えが傑作でした。日本の官僚はその質問に対して、こう答えたのです。

「今まで、問題になったことはありません」

それを聞いて思わず大笑いしたのですが、やっぱり日本だなあと思いました。そんなことをいちいち議論しなくても、まあ別にいいんじゃないですか、という程度にしか構えていないわけです。曖昧な返事なんですけど、何かこう懐が深くて、とにかく面白いのです。

私がずっと日本への興味を失わないのは、この例にもあるように、我々欧米人が頑固に考え、何に対しても定義づけしようとする物事に対して、どちらが絶対にいいということを決めつけないところにあるのかもしれない。それぞれ長所と短所があるはずだと考える。

私は国際弁護士という仕事をしてきましたが、そもそもそんな資格はどこにもありません。では仕事の内容はというと、日米という二つの国の法律や習慣に絡んだ問題を解決していくことです。すると、いずれも必ず矛盾点が出てくるわけです。

たとえば日米の商慣行に関しても、アメリカの経営者がみんな言っているのは、「何で日本人は夜遅くまで仕事をダラダラやってるんだ。定時で帰ればいいのに。だからダメなんだ」

となる。たしかにそれはそうかもしれませんが、たまにはそうして夜遅くまで頑張って働いてくれるスタッフがいてくれるということは、非常にありがたいことでもあるんです。私は、両国間におけるそんな文化的、社会的違いの調整役を仕事としてきたのです。もちろん、そんな日本が持っている曖昧さがストレスになることもあります。でも同時に、それは大きな楽しみでもある。最後には融通《ゆうずう》が利きますからね。

一方で、やはり私はアメリカ人ですから、日本人が気づかないところに気がついて、それを少しばかり助言することもあります。皆さんがまだ気づいていないことをお伝えするのが好きなんです。

一つ例を挙げると、東京アクアラインの海底トンネルです。実は私は、開通前に設置された料金設定委員会のメンバーだったのですが、日本人の委員の皆さんが集まったとき、

「料金は五〇〇〇円にしたい」

という流れになりました。もちろんそれに対しては、

「いや、それでは少々高いですね」

とコメントが出ます。しかしそれに対しては、

「いや、そのくらいに設定しないと、元が取れないからダメなんです」

という返事が返ってきました。しかし、やはり五〇〇〇円もしたら誰も利用しないという声も多いわけです。そこで私が言ったのは、

「それじゃあ、変動料金制にしたらどうですか」

ということです。するとみんな、「はあ？　いったい、どうやるんですか？」と、宇宙人でも見るかのような目をしながら、口をポカンと開けるわけです。

「だから、夜間は値下げをするとかですね。そうすると、利用客が増えるじゃないですか。安いけど、間違いなく利用客は増える。すると最後には、そっちのほうが儲かるんじゃないですか」

「エ〜、時間帯によって変えるの？」

「そうそう、曜日とかで変えてもいいですね」

「エ〜ッ」

とまあ、こういう会話が続いたのですが、結局、今では全国あちこちで料金変動制をやるようになりました。以前なら、そんな概念すらなかったですからね。つまり私は、日本の道路料金の変動制導入に関する発案者なのですが、少し離れたところから全体を見るようにしているので、そうやって日本人が気づかないことにコメントしたりするのはとても楽しいです。

多くの日本人は世界中で好かれている

それからもう一つ、日本は本当に住み心地がいい国です。毎日、本当に楽しいですよ。外国人差別がどうだという人もいますけれど、私の場合は、悪意による差別はほとんど受けたことはありません。わずかに二、三回ありますが、それなどはあまりにも珍しくて忘れられないくらいです。一方で、逆に外国人だということで、皆さんからはかなり良くしていただいています。もう「優遇」というほどですね。

これが日本人の欧米人コンプレックスが原因なのか、それとも「おもてなしの心」なのかはわかりませんが、日本人は基本的にどこの国の人に対しても、相手の違った考え方を頑張って理解しようとしてくれますし、そんな努力は本当にありがたいものです。

礼儀作法も国によって違いますが、日本のそれは非常に素晴らしいし、高度な文化的背景に支えられています。もちろん、すぐに人の年齢をダイレクトに訊ねるとか、ぱっと人を見て「ちょっと太ったね」などと言って、すぐに体重の話をする人も多いのですが、そこは文化的な差異です。最近は私も「痩せたね」と言われることが多いので、前ほど嫌じゃなくなりましたけれども。そんな差異をいちいちストレスに感じていたら大変なので、それを楽しむようにしています。

でも、同じ日本人同士でも、礼儀作法はかなり違う場合がありますね。たとえば、関西人は相手の服を見て、

「うわあ、その服、えらいよろしおまんな。なんぼしましたん？」

などと言って、すぐに値段の話をしますが、関東の人はそれを聞いてほぼ例外なく心の中で顔を顰《しか》めますね。関西のタクシー運転手はすぐに客としゃべりたがりますし、場合によっては観客なしの漫才ショーになってしまいますが、関東の運転手さんは黙々と運転する人が多い。

そんな日本人に共通しているのは、とにかく皆さんとても人が好《よ》いということです。もちろん、たまに例外的な人もいますけれど、ほとんどの人たちは信頼できます。まあ、何から何まであまり信頼しすぎるのは良くないですが、とにかく安心して付き合える人が多いと思うんです。どんな人でも、まず危害を加えてくることはありませんし。

それに日本人は、相手を裏切らないことは当然だと考えている。たとえば商慣行でもそうですが、欧米ですと一回一回契約をするのに対して、日本は長いお付き合

いを重視するので、どうしてもお互いの信頼を高めなければいけません。そのほうが、相互にメリットがあるからです。これは国民や社会が成熟しているからでしょう。

また、日本人の他者に対する思いやりや謙虚さが私は好きです。『不死鳥の国・ニッポン』(日新報道)という本にも書きましたが、東日本大震災があったとき、電車やバスが全部止まってしまって家に帰れず、冷たい風をよけるために駅の階段に何百人という人たちが座っているわけですが、彼らは誰に言われたわけでもないのに、ちゃんと他の通行人が通れるように、階段の真ん中をキレイに開けていました。しかも誰一人、騒いだり怒鳴ったりしていない。騒いだところで電車が動き出すわけでもないし、何の意味もないことをみなが了解しているのです。

もちろん、地震や津波、台風など、人間の力ではどうしようもない自然の猛威をしょっちゅう受けるので、災害慣れしているという部分もあるかもしれませんが、諦めが良く、物事に対して潔い。そんな極限状態でも、日本人は他人に迷惑をかけない。単なる習慣といえばそれまでですが、他国では決して見られない、誇るべき国民性だと思います。

何年かに一回大きい地震が来て、また、時には津波で村ごとなくなったり、せっかく苦労して育てた稲が、台風や大雨の洪水で全滅してしまったりという環境を昔から生き抜いてきているので、争いごとを起こすよりは、団結して暮らしていくことの重要性を遺伝子レベルで理解しているのでしょう。

もちろん、我慢に我慢を重ねて本当に耐えられない、許せないという場面になれば、今度は刀を抜いて相手をぶった斬るというところまでいく部分はありますが。日本人は確かに我慢強いけれど、実は戦いになるともっと強い。歴史の真実を知らない国の人々は、本当に怖いもの知らずだと思います。

とにかく、日本人はすぐ一つにまとまります。震災時のボランティアもそうですが、見知らぬ人同士が集まっても、同じ目標があればすぐに仲良くなって、自分たちで仕事の分担を決めてテキパキと作業を開始します。

これも知人から聞いた話ですが、東南アジアで日本人旅行者を相手にしているガイドさん曰く、日本人ツアー客の相手をするのは本当にラクだし、楽しいというんですね。

たとえばレストランに連れて行くと、韓国人ツアー客の場合は、一人が八〇〇円のランチセットを注文すると、隣の人は九〇〇円の別の料理を頼み、それを見ていたさらに隣の人は、さらに豪華な一二〇〇円のスペシャルセットを頼むということがあるそうです。すると、最初の客が心変わりして、自分もスペシャルセットだ、などと言って張り合ってしまう。もちろん、中国人なんかもそれぞれがワーワーと好き勝手を言ってなかなか決まらないのですが、日本人の場合は、最初の誰かが、「私は八〇〇円のランチセットで」と言うと、他の人たちもみんな「じゃあ、私もそれで」ということで、あっという間に決まってしまうというんです。早く決めないと、午後の観光の予定もあるし、ガイドさんやお店の人が困るじゃないかというわけです。

また、観光地で旗を持って歩く前に注意事項などを説明し、「みなさん、わかりましたかあ?」と尋ねると、謹厳実直《きんげんじっちょく》な顔をしたお年寄りのおじいさんたちが、それこそ真面目な顔で「はーい」と可愛らしく手を挙げる。そして、「十時までにバスに戻ってください」と言うと、だいたい五分前にはみんなきっちりと戻っているのですが、たまに数分でも遅れる人がいると、他の客が心配して走って探しに行ってくれるんだそうです。

そして帰国の日になれば、わずか数日しか相手をしていないのに、多くの人が空港で涙を流して別れを惜しんでくれて、チップまでくれる人もいると。だから、みんな日本人観光客の相手をしたがるということです。

このように、多くの日本人は世界中で好かれています。一方、ロサンゼルス暴動のときには、スラム街に住む多くの黒人たちが韓国人の商店を襲いました。日頃から韓国人に下に見られ、バカにされているということに対し、怒りを持っていたわけです。また、反中国人暴動なども、南太平洋からアフリカにかけてあちこちで起こっています。

しかし日本人がそうした攻撃に遭ったということはほとんど聞きませんし、アメリカではあり得ないですね。ブラジルでも、日系人は非常に尊敬されています。記憶にあるとすれば、何年か前にＰＲＣ国内で起こった「官製反日暴動」とか、韓国国内で時々起こる抗議行動くらいで、いずれもやっぱりこの二カ国です。ちなみにこれは笑い話ですが、日の丸の旗が一番売れる国は韓国なのだそうです。なぜなら、彼らは日の丸を破いたり、燃やしたり、踏みつけたりで忙しいから、消費ペースが早いんです。

とにかく日本人の皆さんには、自分と自らの国に誇りを持って生活してほしい。気づいていないかもしれませんが、日本人に生まれた皆さんは、間違いなく幸せです。私の祖国、アメリカが行わせた戦後教育と偏向報道などによって、長いあいだ自信を喪失していたかもしれませんが、自虐的な発想はそろそろやめにして、堂々と胸を張っていただきたい。健全な愛国心と高い道徳心とを両立させた、誰からも尊敬される日本人を目指してください。そして韓国やＰＲＣの理不尽な主張や要求に対してはもちろん、欧米やロシア、国連の無責任な言動に対しても、品位を保ったうえで、冷静に、事実に基づいた反論・主張を展開してください。それが、私の日本人に対する心からの願いです。

おわりに――日本は世界の大国だ

スターリンとともに世界を共同で統治しようとしたルーズベルト大統領が密かに立案し、戦後、GHQがペナルティーとして実施したWGIPの目的は「日本人の精神的武装解除のための洗脳計画」でした。その後、日本のメディアや知識人らによって引き継がれてさらに発展し、PRC（中華人民共和国）や韓国がそれを利用することで、今日まで多くの日本人を徹底的に抑圧してきました。アメリカ国内でも跋扈《ばっこ》する中国系、韓国系の反日グループが、非常に大きな力を持つようにさえなっています。

しかし、本書で何度も述べたとおり、もう日本はそんな七十歳にもなるプロパガンダに縛られる必要はありません。すでに日本は戦争の責任を一人重く受け止め、何十回も諸外国に対して真摯な謝罪と補償を繰り返してきました。世界を見渡しても、日本ほど他国に対して昔の戦争に関する謝罪を繰り返した国など一つもありません。

たしかにドイツはユダヤ人の虐殺に対して謝罪しましたが、これは戦争ではなく、民族抹殺です。しかもドイツは、その罪をすべてナチスに押しつけることで、罪滅ぼしをしたのです。

イギリスは、自らが植民地化したアフリカ諸国や中東、インド、香港に対して謝罪したでしょうか?

そういう意味で、私は、先日の米国連邦議会における英語での演説を大成功させた安倍首相による、戦後七十年談話にも大きな期待をしています。私がもし首相にアドバイスできる立場にあるとしたら、この談話の内容については、こういう案を出すでしょう。

「過去のことに関しては、かねて歴代日本政府は問題解決に努めて、必要に応じて謝罪もしております。それについては、皆さんもご存知のとおりです。戦後七十年経った今、日本政府としては将来に向けて近隣諸国との関係をさらに強化して、将来に向けた事業に積極的に取り組みたい」

改めての謝罪など、まったく不要です。ひたすら未来志向に徹するわけです。今さら過去のことをくどくど言う必要などないですし、河野談話のようなバカらしいものもありますが、しかしそれを否定するとまた面倒くさいことになるので、触れる必要さえない。あれはあれで、もう終わったことなんです。すべて、日本人らしく水に流してしまえばいいと思います。

日本が戦後、軍国的な歩みなどまったくせず、世界の発展のためにどれだけ何を貢献してきたかは、もうみんなわかっています。ですから日本は、これからも引きつづき世界平和を推進し、人類全体の発展に寄与《きよ》し、あるいは人権問題に関しても日本は積極的に国際社会の中で大きな役割を果たすつもりだ、ということを言えばいいと思います。

本当は「同じような理念を持っている誠実な国々と手を取って……」と付け加えたいところですが、そこまで言うと「角が立つ」のでやめたほうがよいでしょう。

そのうえで、日本は政府主導で「戦争における女性の人権を研究する会」のようなものを発足させ、各国に参加を呼びかけるような活動も考えるのもよいでしょう。世界各国と共同研究して「今後の女性の人権のために貢献したい」と呼びかけ、そんな真摯な努力を世界中に発信するのです。そうすれば、「歴史の真実に正面から向き合いたい」という日本の誠意も全世界に伝わります。大昔の慰安婦問題で日本を責められる国など一つもないことも明白になります。

また、もう一つ付け加えれば良いなと思うのは、エネルギー問題です。日本があの悲劇的な戦争を始めたのは、エネルギー資源を遮断したルーズベルトの策略のせいですし、今日の戦争の多くもまた、エネルギーが原因となっていることが多いのです。

ですから日本は、世界最高の技術力を活かして、人類全般のための新エネルギーの研究開発を先導しようと呼びかけるのも良いでしょう。

戦後七十年の節目としてもう一つ重要なことは、日本人の持つ「国連信仰」を完全に取り払うべし、ということです。

一部には、自衛隊は国連の許可を取って行動すべきとか、国連の警察機能にすべてを任せるべきだという意見があります。確かに、国連に対しては日本が世界でアメリカに次いで二番目に多くの金を出していますが、日本は安全保障理事会のメンバーでさえなく、代わりに日本の半分しか出していないPRCあたりが偉そうな顔をしている。そんなところが日本のために何ができるというのでしょうか。

しかも、多くの日本人が忘れていますが、国連憲章には、第五三条をはじめとして、引きつづき日本やドイツを敵国とみなす「敵国条項」が残っており、日本が将来何か侵略政策なるものを行った場合には、国連加盟国は日本に対して安保理の許可なく「制裁」としての軍事力行使をすることが認められているのです。そして、日本がこの規定から外れるための方策はないため、事実上「未来永劫人類の敵である」という扱いになっているのです。

しかもそのトップである事務総長は現在、韓国人です。これは民族的気質なのでしょうか、潘基文《パンギムン》事務総長（当時）はノルウェーあたりから「かんしゃく持ちで手に負えない」と指摘され、国連の主要ポストに韓国人を採用するという縁故主義を行っては批判され、『ニューズウィーク』（二〇一〇年八月五日付）では、

「世界中で名誉学位を収集して歩き、見事なまでに何も記憶に残らない声明を発表し」

などと散々に酷評されています。そんな事務総長は日本に対しては、

「日本政府や政治指導者らは、深く自らを反省し、国際社会で未来志向のビジョンを持つことが必要だ」

という、政治的中立性を著しく欠いた、過去に例のないような発言までしています。こんなところに日本人は、本当に自国の運命を任せても良いのでしょうか。

かつて「西側諸国」というのは、「アメリカとヨーロッパ、および日本」と表現されていました。ヨーロッパはいくつもの国の集合体であるので、つまり日本は超大国アメリカに次ぐ大国なのです。世界の三大通貨は米ドル、ユーロ、日本円です。英ポンドがその次で、ＰＲＣの人民元や韓国ウォンなど、外国為替市場のディ

ーラーは誰も相手にしていません。日本はそのくらい世界の中では大国だというこ
とを、日本人にもっと理解してほしい。しかも、本当の意味での大国ですから、P
RCや韓国など、本来は相手になるはずがないのです。
日本人に求められるのは、そんな自国の立ち位置をしっかりと理解し、もっと積
極的に各国に対して自らの主張を訴えることです。そして憲法についても、
「いまの時代にそぐわないなら変える必要がある」
としっかり認識し、時代や環境に合わせてその改正に着手すべきでしょう。
前にも述べましたが、アメリカは二〇回以上も憲法を変えていますし、それを変
えることは難しいことではないはずです。憲法も時代の要請に応じて変える。それ
が今日の世界における標準的な考え方なのです。
もし憲法改正が実現し、日本が本当の意味で平和ボケから脱することができれ
ば、日本人は初めて国際社会の中で堂々たる地位を築くことになるでしょう。日本
人のことですから、健全な愛国心と自信さえ持てば、もっと世界のためにいろいろ
と貢献しようとするでしょうし、多くの国々が日本のリーダーシップによって恩恵
を受けることになると思います。
そのうえで、「竹島に手を出すな」「尖閣諸島に近づくな」「小笠原近辺でサンゴ礁

を不法乱獲したら、砲撃して沈没させるぞ」という宣言をしっかりと出すことで、自国の尊厳をきっちりと維持すればよいのです。

そうすれば事大主義の韓国は、間違いなく先祖返りして再び日本に熱烈に憧れるようになるでしょうし、ＰＲＣの傍若無人な振る舞いも少なくなるでしょう。

今年は戦争終結七十周年の節目の年です。今こそ、一人ひとりの日本人が自国を取り巻く外交の現状や史実を理解し、外に目を向けてしっかりと主張することを始めるべきです。

二〇一五年、平成二十七年という年が、周辺国の執拗な言い掛かりに屈せず、日本の主張がより世界へ広まる記念すべき年になることを心から願っています。

著者紹介
ケント・ギルバート（Kent Sidney Gilbert）
米カリフォルニア州弁護士・タレント。
1952年、米国アイダホ州生まれ、ユタ州育ち。71年、米ブリガムヤング大学在学中にモルモン教の宣教師として初来日。福岡市、北九州市、山口県柳井市、長崎県佐世保市などに約２年居住。75年、沖縄海洋博覧会の際にアメリカパビリオンのガイドとして再来日し、沖縄県に半年間居住。80年、米ブリガムヤング大学大学院を卒業。法学博士号・経営学修士号を取得。司法試験に合格して、国際法律事務所に就職。法律コンサルタントとして来日を果たし、東京都に居住開始。83年、テレビ番組『世界まるごとHOWマッチ』にレギュラー出演し、一躍人気タレントとなる。その後も、バラエティ番組、ドラマ、ＣＭ、映画、講演等の多方面で活躍。現在、複数企業の経営や全国で講演活動を行うほか、公式ブログ「ケント・ギルバートの知ってるつもり」、YouTube「ケント・チャンネル」、まぐまぐ有料メールマガジン「ケント・ギルバートの『引用・転載・拡散禁止！』」等で、在日米国人法律家の視点から論陣を張る。著書に、『やっと自虐史観のアホらしさに気づいた日本人』『いよいよ歴史戦のカラクリを発信する日本人』（以上、PHP研究所）、『米国人弁護士が「断罪」東京裁判という茶番』（ベストセラーズ）、『儒教に支配された中国人と韓国人の悲劇』（講談社＋α新書）、『日本覚醒』（宝島SUGOI文庫）などがある。

この作品は、2015年5月にＰＨＰ研究所より刊行されたものを
加筆・修正したものである。

PHP文庫　まだGHQの洗脳に縛られている日本人

2017年7月18日　第1版第1刷
2024年6月27日　第1版第4刷

著者　ケント・ギルバート
発行者　永田貴之
発行所　株式会社PHP研究所
東京本部　〒135-8137 江東区豊洲5-6-52
ビジネス・教養出版部　☎03-3520-9617(編集)
普及部　☎03-3520-9630(販売)
京都本部　〒601-8411 京都市南区西九条北ノ内町11
PHP INTERFACE　https://www.php.co.jp/
組版　有限会社エヴリ・シンク
印刷所
製本所　大日本印刷株式会社

©Kent Sidney Gilbert 2017 Printed in Japan
ISBN978-4-569-76764-2

※本書の無断複製(コピー・スキャン・デジタル化等)は著作権法で認められた場合を除き、禁じられています。また、本書を代行業者等に依頼してスキャンやデジタル化することは、いかなる場合でも認められておりません。
※落丁・乱丁本の場合は弊社制作管理部(☎03-3520-9626)へご連絡下さい。送料弊社負担にてお取り替えいたします。

PHPの本

やっと自虐史観のアホらしさに気づいた日本人

ケント・ギルバート 著

「日本が平和憲法を捨てて軍事大国化する」という議論はナンセンスだ！　好評既刊『まだGHQの洗脳に縛られている日本人』の第二弾。

いよいよ歴史戦のカラクリを発信する日本人

ケント・ギルバート 著

英霊、愛国心、靖国神社、旭日旗、憲法改正、集団的自衛権……。なぜマイナスに捉えるのか？　戦後日本人を覚醒させる処方箋の第三弾。